SPARKLING!
WRESTLING!
WANDERING!LIFE

ときめきプロレス放浪記

澁谷玲子
REIKO SHIBUYA

はじめに

PROLOGUE

私のプロレスとの最初の出会いは、六~七歳くらいのときに祖父が夕方に見ていたプロレスのTV番組でした。画面に映っていたのは額から血を流しながら場外乱闘で相手を痛めつけるアブドーラ・ザ・ブッチャー選手の姿。恐ろしさのあまりぎゅっと目をつむり、おかずのがんもどきの煮付けの味に集中するのが精一杯でした。

そんな私が再びプロレスを見ようと思ったのは、三十歳を過ぎた頃、2012年のことでした。「プロレス冬の時代」といわれる低迷期を抜けつつあったプロレス業界では超メジャー団体・新日本プロレスが息を吹き返して鮮やかに復活、DDTを筆頭にインディ団体も隆盛の兆しを見せはじめた時期です。

新日本プロレスの地上波番組「ワールドプロレスリング」をチェックしつつも、私が最初に生観戦したのは、インディ団体のDDTでした。初めて行く後楽園ホールには大柄な選手が持ち上げられ、リングに叩き付けられる音が響き渡っていました。「なぜこの人たちは、こんなに投げ飛ばされても蹴り倒されても立ち上がることができるんだろう？」と、プロレスラーのタフさにただただ圧倒されてポカーンとしていたことを憶えています。なにせ予備知識なくひとりで観戦したので、「こ、これはすごいものだ!!」ということ以外、何もわからなかったのですが、なぜか吸い込まれるように翌月も後楽園ホールにでかけていました。

　そして、プロレスブーム再燃と言われる今現在。新日本プロレスをはじめ、さまざまな団体が活性化するなか、私の足がよく向かうのはDDTや大日本プロレスなどのインディと呼ば

れる団体です。それは初めて見に行ったのがインディ団体だったからなのか、それとも幼少期から好きな漫画は「りぼん」や「マーガレット」よりも「プリンセス」、「ジャンプ」よりも「チャンピオン」だった私のメンタリティゆえなのか…。インディ・プロレスならではの自由さやハチャメチャさ、思いもよらない方法で輝くレスラーたちを見ると、仕事の疲れや日々の鬱憤を少し忘れて「よし、もうちょっと頑張ろう」と思えたり、「色んな生き方があるんだ、あってもいいんだ」と、勝手に元気になれるからだと思います。

この本は、見たことのなかった団体の試合や尻込みしていた特殊興行にエイヤッと飛び込んでみた私の体験を綴っております。活気づくプロレス業界の変化のスピードは速く、この本で紹介したなかでも引退した選手、新たな挑戦のために海外に修行に出たり、所属団体を退団した選手が何人もいます。また、

はじめに　PROLOGUE

短期間で別人のように急成長する若手選手、チャンスを摑み大きな舞台に進出する選手もいます。レスラーたちの輝きは、〝今この瞬間〟にしか見られないものなんだ、とあらためて感じました。プロレス会場が賑わい、活気に満ちている今だからこそ、「ちょっと興味があるけど現場に行くまではないかな」という方でも気軽に楽しめるタイミングだと思います。そして、すでにプロレス好きの方も、いつもは見ない団体の試合に行って世界を広げてみるのはいかがでしょうか……とぜひおすすめしたいのです。

お約束なんて知らなくてもいい、ひとりでだって大丈夫。プロレスは今日もどこかで輝いています。

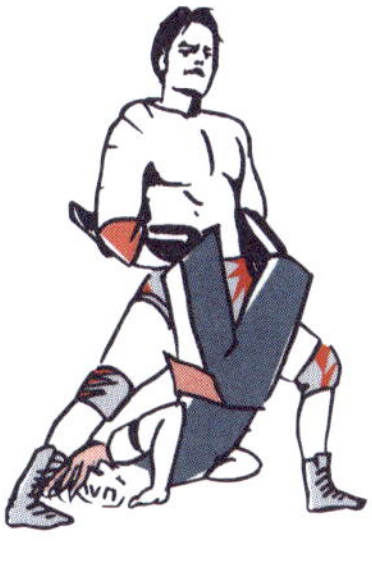

CONTENTS

ブックデザイン

細山田光宜
山本夏美（細山田デザイン事務所）

はじめてでも大丈夫!

さあ、プロレスに行こう!

一歩踏み出せば、何かが変わる…!
プロレスの扉はいつも開かれています。

※1 2012.2.16 TBSラジオ「ザ・トップ5」男色ディーノ選手ゲスト回。スタジオにはDDTの「神実況コンビ」こと村田晴郎さん（実況）＆鈴木健さん（解説）も。※2 新日本プロレスの番組「ワールドプロレスリング」

周りにプロレス好きがいないのでひとりで来てしまった
たくさん不安はありましたが
スポーツ観戦じたいしたことないのに…
当日券って買えるのかな…
←このときは買えました
客席には多種多様な人々がいて安心したことを憶えています
孤高Style
開始前文庫本を読んでらっしゃる
よかった… ひとりで楽しんでる人もいる…
ホッ
詳しいことはよくわからぬまま見たプロレスでしたが
ズダ
すごい音するぅ…!!
ここから私の後楽園通いがはじまりました
当時私は社畜生活の只中にいましたが
週休半日
徹夜上等
今月もまたプロレスが見られる!と思うことで
頑張れたことも多かったように思います
しごと行くか…
よし…
出会い頭の事故のようにプロレスに出会った私がパワーをもらえたように
プロレス
ドッ
私の体験が少しでも皆様のプロレスライフのお役に立てばと思っております
どうぞよろしく

プロレス観戦の基本装備

プロレス観戦は
全ての人に開かれ、
気軽に楽しめるもの。
堅苦しい
決まりはなく、
声援OK、
ブーイングOK、
飲み食いもOK
（会場によっては
飲食止の場合も）。
でも、ちょっと
気をつけると
より快適に
観戦できます。

大きすぎる帽子はNG

POINT_01

後楽園ホールなど座席や通路が狭い会場の場合、大きなカバンはコインロッカーに預けるとフットワークが軽くて快適！

エコバッグがあると便利

POINT_02

観戦中、ケータイ電話はマナーモードに。静止画は基本的にOKですが、動画の撮影はほとんどの団体で禁止されています。静止画の撮影も禁止されている場合もあるのでアナウンスに従いましょう。

観戦中の姿勢に注意
身をのりだしすぎない

POINT_03

リングの近くに席を取った場合は、場外乱闘のときにセコンドの指示に従って退避する必要があるので、慣れない方は動きやすい服装のほうがよいかも…

ちょ…!!
あの…!!
カメラを頭より上に構えない
さがってください!!!
場外乱闘はとても危険なのでセコンドの指示に従いましょう

もちろん出たゴミはゴミ箱へ

水その他を吹きかけるレスラーの出る興行に美しい服、高級なカバンは避けるのがベター※主にバラモン兄弟

≪ PRO-WRESTLING GUIDE

ココがわかるとすっきり！

プロレス
団体相関図
ガイド

数えきれないほどあるプロレス団体。
その系譜や関係性は複雑…。
でも、基本を押さえるとプロレス界の“今”がわかります。

団体の個性を
ザックリ解説

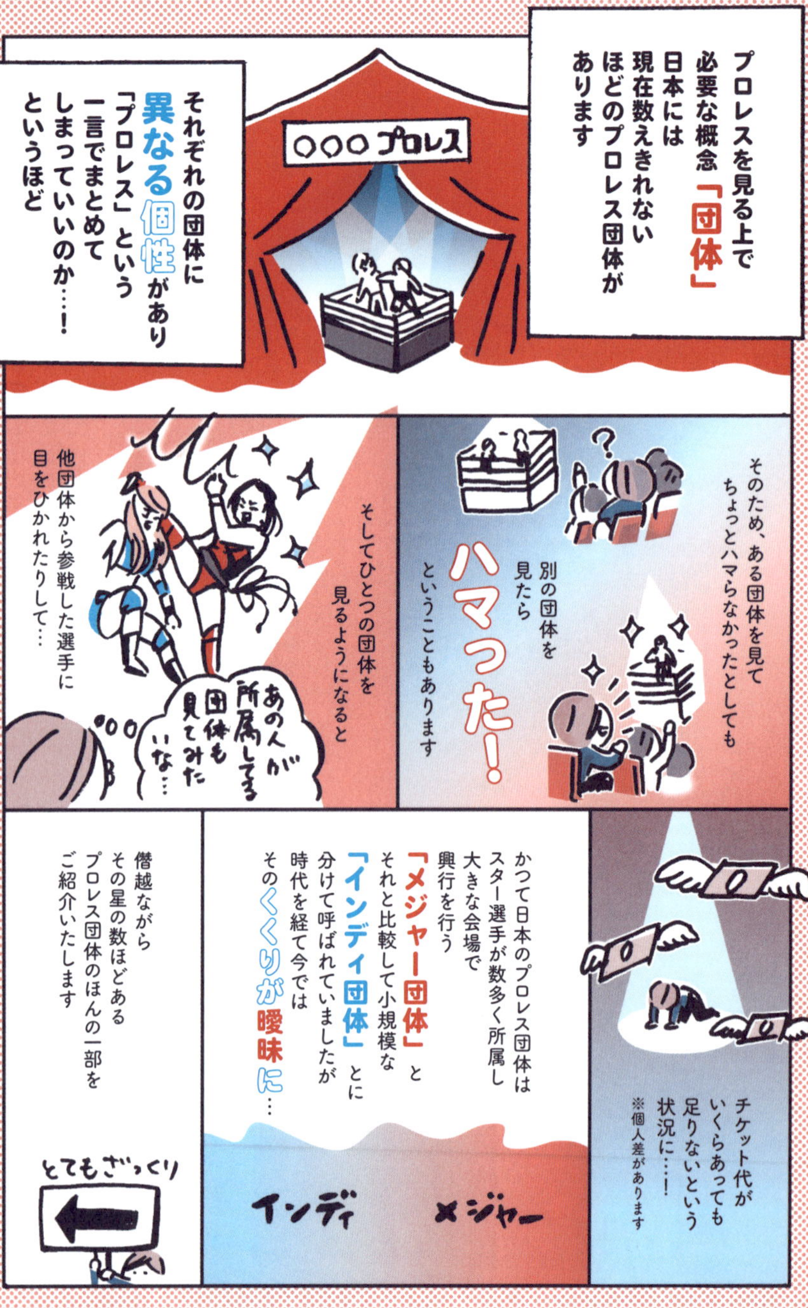
プロレスを見る上で必要な概念「団体」
日本には現在数えきれないほどのプロレス団体があります
○○○プロレス
それぞれの団体に異なる個性があり「プロレス」という一言でまとめてしまっていいのか…！というほど
そのため、ある団体を見てちょっとハマらなかったとしても
別の団体を見たら
ハマった！
ということもあります
そしてひとつの団体を見るようになると
他団体から参戦した選手に目をひかれたりして…
あの人が所属してる団体も見てみたいな…
チケット代がいくらあっても足りないという状況に…！
※個人差があります
かつて日本のプロレス団体はスター選手が数多く所属し大きな会場で興行を行う「メジャー団体」とそれと比較して小規模な「インディ団体」とに分けて呼ばれていましたが時代を経て今ではそのくくりが曖昧に…
インディ
メジャー
僭越ながらその星の数ほどあるプロレス団体のほんの一部をご紹介いたします
とてもざっくり

メジャー団体の系譜

日本プロレス
1953〜1975

力道山

独立

FOUNDER G.BABA

FOUNDER A.INOKI

大型選手のド迫力プロレス

全日本プロレス
1972〜

日本プロレスから独立した**ジャイアント馬場**が創設。度重なる主力選手の大量離脱に見舞われるも若きチャンピオン・宮原健斗選手が誕生するなど、**新勢力の台頭**もあり充実の闘いが繰り広げられている。

ただ今「ひとり勝ち」

新日本プロレス
1972〜

日本プロレスから独立した**アントニオ猪木**が立ち上げた日本で一番「メジャー」という言葉がぴったりなプロレス団体。ここ数年のプロレス人気を牽引する存在。プロレス団体の中で**唯一全国の地上派で試合を放映**している。（テレビ朝日「ワールドプロレスリング」）

外敵、襲来中

NOAH
2000〜

FOUNDER M.MISAWA

全日本プロレスから独立した**三沢光晴**が創設。現在は天才・丸藤正道選手が舵を取っている。外敵・鈴木みのる選手が率いる**「鈴木軍」の襲撃を受け**ハラハラする展開に。

よく「メジャー団体」とカテゴライズされるのはこの3団体。日本全国津々浦々で興行を行い、クオリティの高い試合が見られる。

インディ・プロレス団体相関図（これはほんの一部）

DDT

唯一無二の面白さの「**文化系プロレス**」。スター選手であった飯伏幸太選手が退団するも勢いは止まらない。全日本にも参戦する高尾蒼馬選手は世界ジュニアのベルトを獲得。

FREEDOMS

世界的カリスマ・葛西純選手の**超過激デスマッチ**が売り。

大日本プロレス

蛍光灯や画びょう、有刺鉄線ボードなどの凶器を使う**「デスマッチ」**、凶器なしの**「ストロング」**から成る。「ストロング」の関本大介選手は「日本プロレス界の宝」と称され、岡林裕二選手と共に**他団体にも引っ張りだこ**。水地獄が襲う「ポセイドンアドベンチャー」は名物イベント。

ZERO1

元新日本プロレス破壊王・橋本真也が立ち上げた**「ZERO-ONE」が元**になっている。田中将斗選手、佐藤耕平選手など他団体で活躍する選手も多数。

IGF 2007～

新日本プロレス筆頭株主だった**アントニオ猪木**が株式売却後に設立した団体。格闘技色が強く、独自路線を行く。

WRESTLE-1 2013～

プロレス界のリビングレジェンド・**武藤敬司**が全日本プロレスを退団して設立した団体。DDTの高木大社長がCEOを務める。

TAKAみちのく代表は新日本・NOAHにも参戦

KAIENTAI DOJO 2002～

「鈴木軍」の一員として知られる**TAKAみちのく**選手が代表を務める千葉の団体。真霜拳號選手はインディ界屈指の実力者といわれる。千葉Blue Fieldという常設会場を持つ。

DDTの癒し系・大鷲透選手は元ドラゴンゲート

DRAGON GATE 1999～

ここ数年のプロレスブームのずっと前から「**女性に人気の関西のプロレス団体**」として有名。日本人ルチャドール育成学校「**闘龍門**」をルーツに持ち、メキシコのルチャやアメリカンプロレスの要素を取り入れたスタイル。他団体との交流は比較的少なめ。

この3団体が現在最も勢いがあるインディ団体といわれている。

みちのくプロレス
1992～

東北の英雄・**ザ・グレート・サスケが岩手で旗揚げ**した団体。インディ・プロレスとしてはとても長い歴史を持つ。ザ・グレート・サスケとバラモン兄弟によるサークル**「ムーの太陽」**はインディ・プロレス界で**一大ブーム**となった。

関本・岡林はDRAGON GATEの地方大会にも参戦
みちのくプロレスに参戦しているヤッパーマン1号・2号(SOS)、バラモン兄弟は大日本にも参戦

女子プロレス団体

女子プロレス団体は
男子に比べて一団体の選手数が
少なく団体同士の交流が盛ん。
こちらもほんの一部をご紹介。

アイスリボン
2006～

キャッチフレーズは「**プロレスでハッピー！**」。現在は藤本つかさ選手がリーダー。世羅りさ選手、雪妃真矢選手など美女レスラーから星ハム子選手、宮城もち選手などのボリューミーな個性派まで、**いいキャラ揃い**。2016年5月には横浜文化体育館での10周年記念大会を成功させた。10月にはサンリオピューロランドで試合をすることも決定。

JWP
1992～

現在活動中の団体で**最も古い歴史**を持つ。「女子プロレス界の小さな巨人」コマンド・ボリショイ選手、勝ち気さが魅力の中島安里紗選手らが所属。

LLPW-X
1992～

「Mr.女子プロレス」こと**神取忍**選手の団体。アイドルレスラーユニット「ブリバト♡」も所属。プロレスと**アニソンのコラボ興行「あにプロ道場」**も行っている。

ワールド女子プロレス Diana
2011～

全日本プロレスの名レスラー・**井上京子**選手の団体。ジャガー横田選手も所属。Sareee選手、田中盟子選手など若い選手も活躍中。

我闘雲舞
2012～

アイスリボンを退いたさくらえみ選手が**タイで立ち上げたプロレス団体**。アイドルグループとしても活動している。歌ありダンスあり、男女混合マッチありと、独自路線を行く。そのためか、**他の団体とは距離を保っている**。

STARDOM
2011〜

実質、**女子プロレスのトップ団体**。かつてグラビアアイドルの愛川ゆず季が所属していたことでも知られる。現在では紫雷イオ選手、宝城カイリ選手など若く華やかなスターたちがパワフルに人気を牽引。海外からの参戦選手も多く、**リング上は常にきらびやか**。2016年にはヨーロッパ遠征も成功させている。

SEAdLINNNG
2015〜

スターダムの看板選手であった**高橋奈七永**選手が退団し、2015年8月に**創設**した団体。現在は選手ふたり、レフェリーひとりの団体だが、後楽園での**旗揚げ戦を大成功**させた。

仙女 センダイガールズプロレスリング
2006〜

「女子プロレス界の横綱」こと**里村明衣子**選手の団体。たった5人の小さな団体ながら、ハードコア上等のDASH・チサコ選手、魔界の住人・カサンドラ宮城選手など、**若手たちのキャラも濃い**。里村選手とベルトを懸けて闘うために、浜田文子選手、アジャ・コング選手、朱里選手など女子プロレス界のビッグネームたちが参戦し、近年存在感を強めている。

Marvelous
2016〜

1980〜90年代、全日本プロレスで女子プロレスの黄金期を築いた不世出のレスラー・**長与千種**選手が立ち上げた団体。エースは**元スターダムの彩羽匠**選手。

PROWRESTLING WAVE
2007〜

浜田文子選手、元仙女の水波綾選手など**強豪が所属**。年に一度開かれる「Catch The Wave〜波女決勝戦〜」は団体内外からさまざまな選手たちが参加する**女子プロ界最大のシングルトーナメント**。

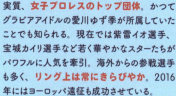

ご当地プロレス団体

実は全国津々浦々にプロレス団体があります。観光しつつ、ご当地プロレスを楽しむ旅行などいかがでしょうか？

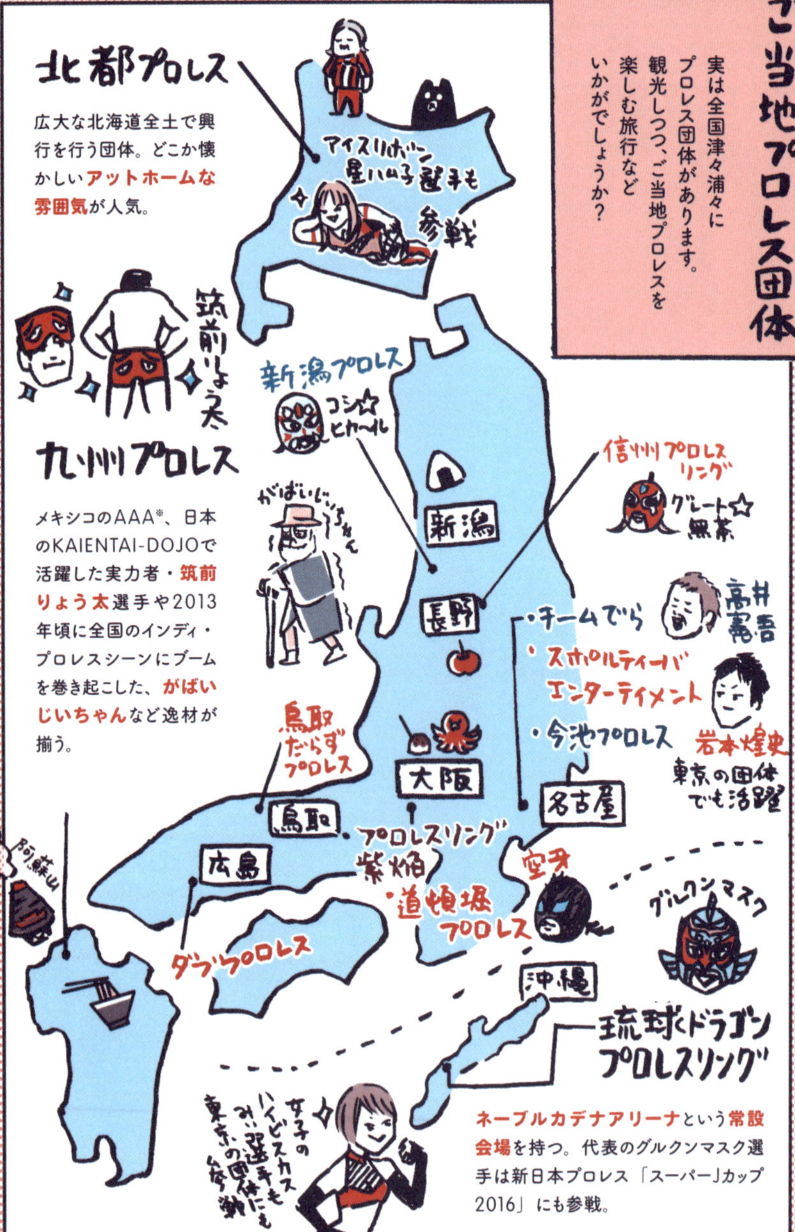

北都プロレス

広大な北海道全土で興行を行う団体。どこか懐かしい**アットホームな雰囲気**が人気。

九州プロレス

メキシコのAAA※、日本のKAIENTAI-DOJOで活躍した実力者・**筑前りょう太**選手や2013年頃に全国のインディ・プロレスシーンにブームを巻き起こした、**がばいじいちゃん**など逸材が揃う。

琉球ドラゴンプロレスリング

ネーブルカデナアリーナという**常設会場**を持つ。代表のグルクンマスク選手は新日本プロレス「スーパーJカップ2016」にも参戦。

※ メキシコの人気プロレス団体。

大阪プロレスの思い出

プロレスを好きになってから1年ほどたった2013年、大阪プロレスを見に行きました。常設会場は梅田駅からほど近いビルの8階にある「ナスキーホール」。休日だったこともあり会場は満席！

前説ではおしゃべりが達者な吉野恵悟レフェリーが観戦方法をわかりやすく説明してくれました。「ヒールには声援を送っちゃダメ、ブーイングしてね」と言われたのが当時は衝撃的で「こういうルールもあるんだ…！」と驚いたことを憶えています。

試合はというと、くいしんぼう仮面選手やえべっさん選手による吉本新喜劇のようなコミカルな試合や、ヒールのマスクマンたちのカッコよさ、通路を隅々まで使う場外乱闘は迫力満点で、「ああ、楽しかった〜！　また来よう」とのんきなことを思っていたのです。

しかしその翌年、大阪プロレスは経営的な理由から事実上の解散、選手・レフェリーら全員が離脱するというショッキングなニュースが…。とはいえ、大阪プロレスは現在、プロレス団体でなく「プロレス興行会社」として活動しており、その灯は消えていません。空牙選手は道頓堀プロレスを旗揚げ、大阪プロレスでタイガースマスクとして闘っていた丸山敦選手は大日本プロレスやみちのくプロレスに参戦、センダイガールズプロレスリングではカサンドラ宮城選手相手にキレキレのツッコミを入れる吉野レフェリーの姿も見られます。ヒールとして活躍していたクイエット・ストーム選手はNOAHに入団し、小さな体躯ながらパワフルな試合でファンをひきつけています。同じくヒールとして参戦していたゼウス選手は、全日本プロレスの所属選手に。

物事が変わっていくことは私のようなクヨクヨした人間にとっては切ないものではありますが、「それでもプロレスは続いていく、続けてくれる人がいるんだ」ということに、勇気づけられるのです。

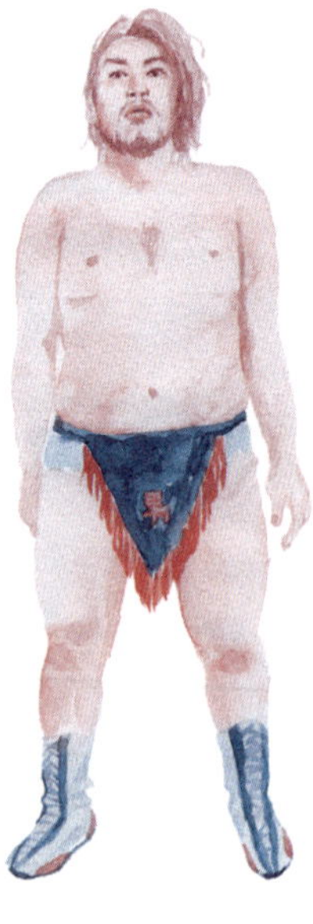

《 DDT PRO-WRESTLING

TEAM_01

DDT
プロレスリング

なんでもあり！輝いた者勝ち、
プロレスのワンダーランド

DATA

1997年5月14日旗揚げ
代表：高木三四郎
本拠地：東京都新宿区

最高で最強な
文化系プロレス！

DDTプロレス
それはどこにも
似ていない
唯一無二の
プロレス団体
Dramatic Dream Team
DDT
そのリングは笑いあり、涙あり
名勝負あり、ダンス
プレゼン、尻、なんでもあり
選手たちがリングの上は
もちろん、海、キャンプ、遊園地
花やしき
場所を問わずに観客を
魅了するワンダーランド
DDTを率いる
高木三四郎「大社長」
がまずすごい
いちインディ
団体であったDDTを
人気団体に育て上げた
手腕は業界内外から
注目されている
現役のプロレスラー
でもある
大社長は
リング上に築城
俺の城
自転車で轢《ひ》く
リングの上では
ハチャメチャ！

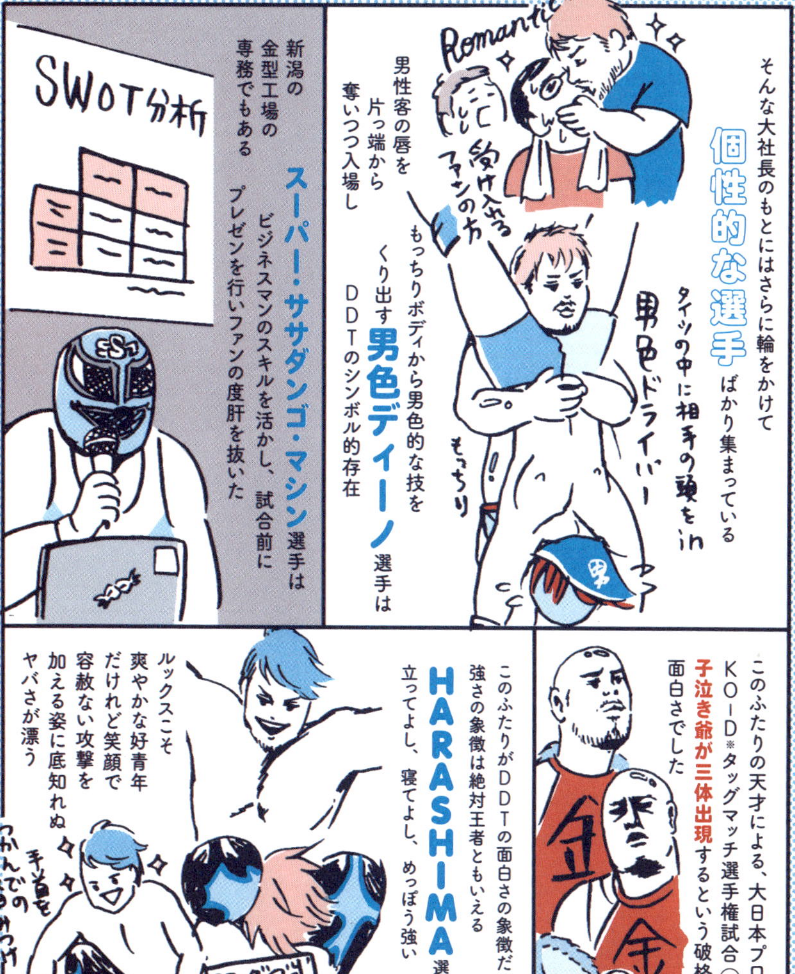

※ KO-D：「King Of DDT」の略。

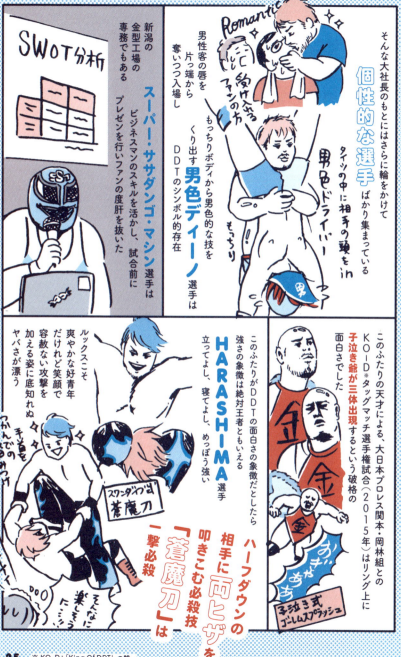

何よりも
HARASHIMA選手の
「蒼魔刀」がズドンと決まり
決めゼリフの「何でかって？
それは鍛えてるからだ〜!!」
で締められる大会には
なんとも言えない
幸福感があります
きたえてるからだー!
そしてもうひとり
長年DDTの看板で
あったと同時にプロレス界
全体の
「ゴールデン・スター」で
あった飯伏幸太選手
キャンプ場プロレスで
人に向けて花火を放つ
パ
DDTと新日本の2団体に所属し
DDTで路上プロレスを
したかと思えば
新日本プロレスで
中邑真輔選手と
名勝負を展開
2015年、DDT初の
さいたまスーパーアリーナ
（会場はサブアリーナ）大会では
このふたりで団体最高位の
ベルトKO-D
無差別級のベルトを
争い、飯伏選手が
フェニックスプレックス
でHARASHIMA選手に勝利
心ゆさぶられ、胸をかきむしりたく
なるようなヒリヒリした感触が
いつまでも残る試合でした
しかし
その1年後の
2016年3月
飯伏選手は
DDTと
新日本を
退団

「飯伏プロレス研究所」所長となった
飯伏選手は KAIJU BIG BATTLE IGF、WWEクルーザー級トーナメントにもエントリー
FREEDOM!
KAIJU BIG BATTLE
一方、飯伏選手が去った後のDDTもさらにパワーアップ
KO-D王座の争いは
ますますカラフルに…
カリスマ 佐々木大輔
総合格闘家である 坂口征夫
キックボクシング出身 KUDO
現役日体大生 竹下幸之介
ついに21歳の竹下幸之助選手が若きチャンピオンになり、新しい風が吹きまくっている
KO-D無差別級ベルト以外にもDDTには他では
見たこともないようなベルト
がある
最弱の証
持ってる間はダークマッチにしか出られない
キング・オブ・ダーク
IRONMAN
アイアンマンヘビーメタル
いつでもどこでもレフェリーの前で3カウントをとれば王者になれる
寝てるところをフォールしてもOK!!
ZZZ
1
2
3
2016年、アイアンマンベルトは海外に流出。数々の名選手の腰から腰へ旅をしました
なかでもチャンピオンが独自に決めたルールでタイトルマッチが行われる
「DDT EXTREME級王座」
は
目かくし乳かくしデスマッチ
通常ルールに加え、ブラをはぎとられたら負け
90秒ごとにルールが変わるルールランブルマッチ
RULE RUMBLE
関節技禁止
ダメ!!
腕をとっただけで反則
ありえないルールを設定することでプロレスの面白さを
一味違った角度から
楽しめる

これだけたくさんの要素がつまった後楽園大会やビッグマッチを見た後は
耳から煙が出る
ような錯覚に襲われます
プシュ〜〜
魂
ふだんあまりプロレスを見ない私の友人曰く
DDTは風通しのいい雰囲気があるよねえ
今日もたのしかったて
自由な感じとかいかがわしさとか…
風通し…
強さを追求し、ものすごい試合で魅了する人もいれば
WALL OF TAKESHITA
入場時のダンスひとつで会場を沸かせる平田一喜選手のような
GO! GO! GO! GO!
しかも古巣の先輩のダンスのパロディ
自由に輝く選手たち
ファンもそんなふうに自由に輝く選手たちを見守り
受け入れる空気がDDTにはあるような気がします
私がDDTを見はじめたのは2012年のことですが
2012.2.17.後楽園ホール
南側後方は空いていたイメージ
今では後楽園大会はいつでもお客さんでいっぱい
「DDTでプロレスを好きになった！」というファンもとても多い

そして両国国技館大会をはじめとしたビッグマッチも成功させるまでに…
大入
この風通しがよく誰をも拒まぬ自由な雰囲気こそいままでプロレスと
君は私よりもDDTのよさをわかっている
やつッ!!
?
縁遠かった人々をひきつけているのでしょう
この日、いつも満員のはずの後楽園ホールは南側に空席があり少し淋しい客入り…
2015.11.30後楽園ホール
それもそのはず客席は全員
女性ばかり!
そう、この日は
女子限定興行「BOYZ」
初の後楽園大会
BOYZ塾長
ジャニー江田島
(男色ディーノ選手)
観客は女性のみ出場レスラーはイケメンばかりという女性向け特殊興行の決定版だったのです!
超BOYZ
〜一世一代の女祭り〜
会場には一流ヘアサロンのヘアアレンジブースも登場
なにやらプロレス会場らしからぬ雰囲気
わ〜〜!! esperの○○さんがいる〜!!
esper.
STYLING BOOTH
有名なサロンなんですね
ファッションにくわしいEさん

見た目だけでなく女性ファンに人気があることがBOYZの条件のようです
出場選手はイケメンばかりというふれこみですが…
Shinny
BOYZに不選出の選手たちは「野郎Z」と呼ばれ、彼らによる男性限定興行もある
赤ちゃんのようにカワイイ入江茂弘選手
Cute
元川角部屋
昭和の俳優のような樋口和貞選手
好きな選手が野郎Zなのは複雑なきもち…
かっこいいのに…
ちなみにプロレス未見の私の友人をDDTに連れて行った結果一番かっこいいと評判なのが高木大社長
あの人かっこいい!
DANDY
2人もかついでる!!
しかしもちろんBOYZには選ばれていない
ともあれジャニー江田島塾長の一声でBOYZ名物「入場式」がスタート
わしがBOYZ塾長ジャニー江田島である!
BOYZでは選手たちが決まったテーマのいでたちを披露してくれる「入場式」があります
過去にはパジャマやエプロン姿などを
ヤンデレボーイの研修医っぽさ
竹下幸之介選手の名医っぽさ
今回は白衣+眼鏡というお医者さん風コーデこわもての坂口選手の闇医者っぽい姿にどよめきが
今日いちばんのざわめきが出たね…
ウオオオオオオ
女たちの雄叫び

※1 2016年6月23日〜トランザム★ヒロシに改名。※2 2016年7月17日〜高梨将弘に改名。

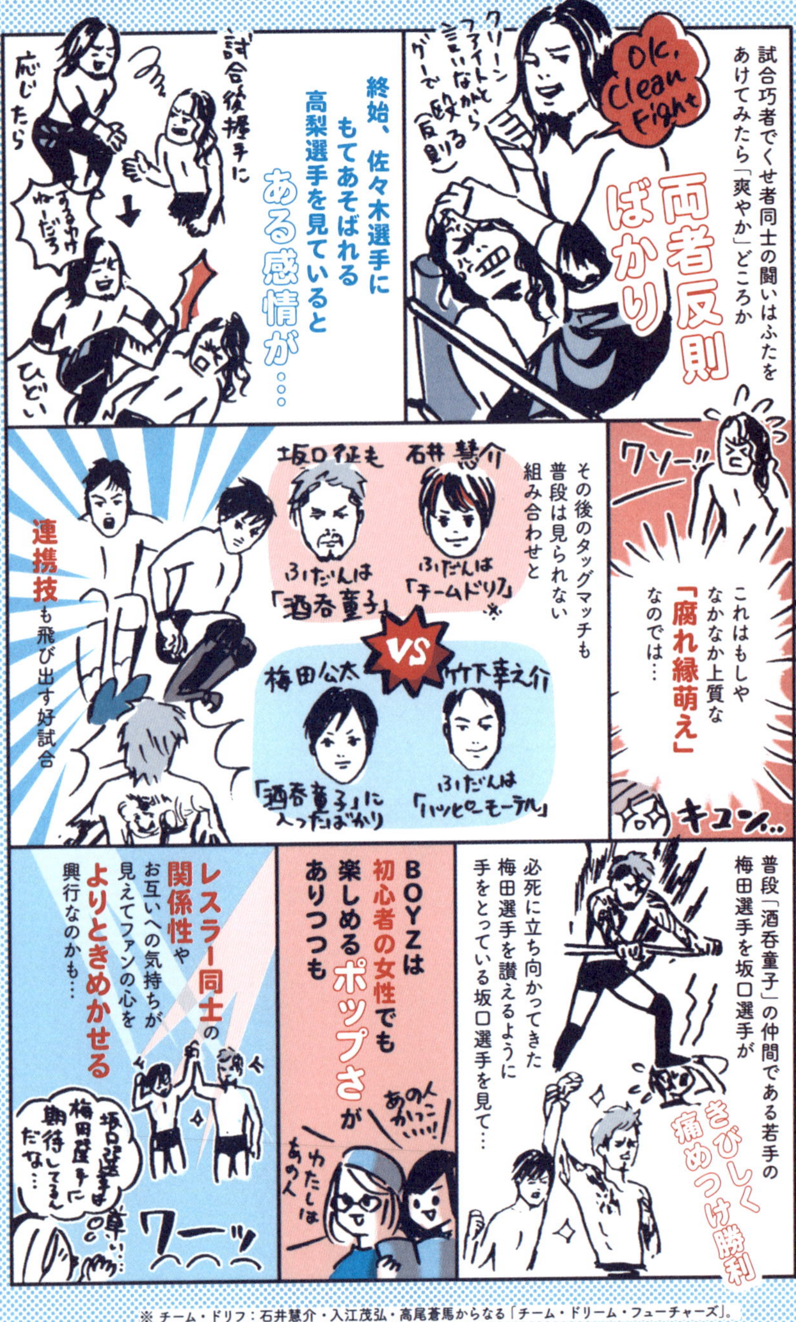

※ チーム・ドリフ：石井慧介・入江茂弘・高尾蒼馬からなる「チーム・ドリーム・フューチャーズ」。DDTだけでなく、全日本プロレスでも活躍した。2016年5月に解散。

などと思っていると
前半戦が終わって休憩へ突入
なにせ観客は全員女子なので
トイレの列がすごい！
女子トイレ
持ちこたえてくれ、私のぼうこうよ……
物販にも行列が！
選手との記念撮影のイベントや
DDTファンの女子たちは
パワフルな人が多い
いってらっしゃい
わたし物販いくわー
彼女たちの姿を見ていると
入場式あんまり撮れなかった…
佐々木選手のトペ撮れてるじゃん！
思いっきりプロレスを楽しんでるなぁとうれしくなります
ちなみに私は握手会や撮影会は参加しないタイプ
たぶん爆発する
ボーン
セミファイナルにはDDTのエースHARASHIMA選手が登場！
普段は同じチーム「スマイルスカッシュ」の彰人選手と対戦
Smile!
BOYZのときにしか着ないシルバーのコスチューム！
HARASHIMA選手は東西南北四方の女子たちを爽やかな笑顔で魅了しつつ
インディアン・デスロック
を決め、組み技巧者同士の攻防がスタート！
インディアン・デスロック
ネイティブ・アメリカンが
拷問として
使っていた技とされる
脚がメチャクチャ
痛いらしい

知恵の輪のように絡まった足関節技の応酬は芸術的
客席からはシャッター音が…
HARASHIMA かえせっ!!
カシャー
カシャー
カシャー
カシャー
彰人、もっとしぼれー!!
脚、どうなってるんだろ…
彰人選手の足殺しによって必殺技「蒼魔刀」を出せなくなったHARASHIMA選手だったが
ここ一番の試合でしか出さないファイヤーバードスプラッシュを投下し勝利
さすがはエース! 会場は大いに沸きました
ワァァァァァァッ
メインイベントは当時KO-D無差別級チャンピオン・木高イサミ選手と次期挑戦者・遠藤哲哉選手のいわゆる「前哨戦」
Champion
Challenger
PROFESSIONAL WRESTLING
DRAMATIC DREAM TEAM
いつもより観客が少なくなってしまう女性限定興行でこんなにも重要な試合が組まれるなんて…と驚くと同時にDDTの女性ファンに対する本気を感じました
ありがたや…

木高イサミ選手は大日本プロレスのデスマッチで何度もベルトを巻いてきた
インディ・プロレスの大スター
命知らずのファイトスタイルでカリスマ的な人気があり
デスマッチ以外の試合でもその軽量級の肉体からは考えられないほどのタフさを発揮
片や遠藤選手はここ数年で着実に成長してきた選手で
まだシングルマッチでのベルト獲得経験はなし
私はイサミ選手の勝利と予想
試合を見ながらぼんやりと遠藤選手がデビューしたばかりのときの線の細い姿を思い出していました
こんなときもあったような
いきなりY字バランスをしだす
ピシッ
新体操出身
2013年ころ
デビューまもない遠藤選手
そのとき「この人は大丈夫なのか…？」と思ったことを憶えています
ところがリングの上で闘っている姿は
その時とはまるで別人
デビューから3年、何度怪我に見舞われてもそのたびに体を鍛えパワーと華麗な飛び技をあわせ持つレスラーに成長
チャンピオンのきびしい攻めにも耐え…
Give up?
NO!!

美しいムーンサルト・プレス
で後楽園じゅうをあっと言わせるような
こんな選手になるなんて予想もしていませんでした
そしてとうとう遠藤選手は大方の予想をくつがえし
ワッ!
ワァァァァァ
イサミ選手に勝利して
自分がチャンピオンになりうる存在だと証明したのです
あの誰よりも細かった遠藤選手がどれほどの努力をしてここまできたのか…
木曽大介
今日のエンテツごはん。
あえて一切味つけしないことで水分摂取量を…
大量のゆでた鶏肉と
水のみ
木曽レフェリーのTwitterより
それにくらべてワシときたら…
ぜい肉
皆さん驚いてますよね…!!
でも僕がいちばん驚いてます!!
今日よくしゃべるな、
よかったね…
試合後のマイクにも人柄が表れていて和む…
しかし、ほっこりできたのもつかの間
野郎Zが再び乱入し塾長をボコボコに…

どなたかお医者さまはいませんか〜〜〜
手当てしてほしいの〜
その一言で白衣＋眼鏡のレスラーたちが再び登場
超BOYZ
総勢16名のレスラーたちによるフィナーレのダンス
振りつけはコンドルズという豪華さ!!
キャーーッ!!
彰人選手、大石選手、平田選手の見事なダンスと坂口選手のぎこちない踊りの味わいが
踊り慣れている平田選手
なんとも素敵…
パラパラの名手彰人選手
アイドルレスラー大石選手
見応えある試合を見せるだけでなく、こんなにも我々を楽しませてくれると人はもう「ありがたい」としか言えなくなるものです
何だかありがたいものを見ましたね…
ありがてえ…
いいものみたね…
その後BOYZ前日に行われたDDT大阪大会のイサミ選手vs坂口選手のKO−Dタイトルマッチをサムライで見たら…
ooo
こんなに激しい試合の翌日に闘って踊ってくれたのか…!!
…と腰を抜かし
あらためてプロレスラーのすごさを思い知りました

PRO-WRESTLING SMALL TALK

AFTER THE EVENT

これから約半年後、遠藤哲哉選手は
佐々木大輔選手が率いる
アウトロー集団「DAMNATION」に
入り、まさかのヒールターン。
あのマジメな遠藤選手が
グレてしまった…とショックを
受けつつも、イメチェン後の姿を
見て これは…これで…!! と
合掌しました。

エモくも
COOL
目の下の
アイラインが
DAMNATION

そしてパワフルなファイトスタイルと
かわいらしいキャラクターで
我々を魅了した入江茂弘選手は
さらなる強さを求めて
アメリカ武者修行の旅へ。
きっとより強くたくましくなって
戻って来てくれることでしょう!

《 SENDAI GIRLS PRO-WRESTLING

TEAM_02

センダイガールズプロレスリング

女子プロレスの横綱は仙台にいる!
強き女たちの小さな城

DATA

2006年7月9日旗揚げ
代表:里村明衣子
本拠地:宮城県仙台市

仙女
センダイガールズ
プロレスリング
センダイガールズ
プロレスリング
それは女子プロレス界の横綱
里村明衣子の城
わずか5人の
小さな城だけれど
個性と魅力が
パンパンにつまった団体
2014年のある日
私はTVの
ある試合に釘付け
になりました
ポロリ
それはスターダムの
紫雷イオ選手VS
センダイガールズ
里村明衣子選手の試合
2014.7.10
スターダム後楽園大会
めちゃくちゃ華やかで
ピカピカに輝く若きチャンピオン
紫雷選手と
出てきただけで
気品と威厳をたたえる
里村選手

このふたりの闘いは
華やかで苛烈で
容赦なく
ふたりのレスラーは
猛獣にも女神にも見えて…
女子プロレスって
こんなにすごいのか!
こんなに強くてかっこいい
女たちがいるのか!
プスプス
思わず正座
私が気になったのはこの試合で敗れてもなお
「鬼のように強い」
という印象だった里村選手
必殺技
デスバレー・ボム
それもそのはず
里村選手は人呼んで
女子プロレス界の横綱
センダイガールズ
プロレスリングという
団体の代表で
ありながら
女子プロレスのトップで
あり続ける…
SENDAI
仙女!
そんな里村選手が率いる仙女の大会が
里村選手の地元・新潟で
開催されると知り、新潟市体育館へ
新潟市体育館
新潟県民でヨカッタ
女子プロレスはじめて!!
2015.7.12 センダイガールズ新潟大会

この日は里村選手のデビュー20周年記念大会
VTRでGAEA JAPAN所属だったときのデビュー戦の模様が流され
先輩レスラーを秒殺する里村選手の姿に観客たちがザワつく
ざわ…
ざわ…
つ…つよ…
生で見る里村選手のかっこよさ
アイガー選手vs旧姓・広田さくら選手のコミカルな試合もあり
新人の宮城倫子選手はまだぎこちないけれど長身で手足も長くて将来かっこよくなりそう…
ちょっと不器用そうなカンパーナ（釣鐘固め）
この日デビューの新人・岩田美香選手はアジャ・コング選手と対戦、完敗するも負けん気の強さは人一倍
なかでも私が一番ひかれたのは、仙女の「十文字姉妹」
お面と扇子を使った入場パフォーマンスがすごくかっこいい!!
仙台幸子
DASH・チサコ
十文字
ちょっと
くすぐられる
コスチューム

この日は十文字姉妹よりも大柄でパワーのあるチームとの対戦でしたが
浜田文子
松本浩代
まるで本物の"くノ一"のように
ハイスピードな動き 華麗な飛び技…
たくさんの攻撃をもらいボロボロになりつつも
姉妹ふたりで助け合いながら「勝ち」をもぎ取りにいく姿を見て
十文字
十文字
チサコオォォォ
サチコオォォォ
まけるなー!!
初見にもかかわらずめちゃくちゃ応援してしまいました
私も一緒に観戦した友人も女子プロレスを生で見たのは初めてだったのに
わたし広田さくら選手すきだわ〜
私十文字姉妹もよかったな〜
わかる!
宮城選手も推せるわ
帰りはこの日の試合のことで大いに盛り上がり
里村明衣子20周年Tシャツ(かっこいい!!!)
今までどこかで「女子プロレスは男子プロレスとは別もの!」と敬遠してきたのは損だったなぁと思いました
今日デビューの岩田選手もかっこよかったわ
かわいい系というよりもかっこいい感じだよね

しかし試合を見た
1ケ月後
なぜ今まで女子プロレスを見なかったんだろう…
次やってるのはいつかな
また見たいなあ
仙台幸子 結婚引退のお知らせ
一部報道でもありましたように、このたびセンダイガールズプロレスリング仙台幸子が結婚する運びとなりました。本人の意志により来年1月17日日曜日、宮城
ガーーーン
好きになったばかりなのに…
そのさらに1ケ月後宮城選手が
魔王の力により
一変
AFTER
朝おきたらこうなっていた
会見で笑いをこらえる里村選手
カサンドラ宮城
宮城の悪妃・カサンドラ宮城
爆誕
BEFORE
プロレスファン歴の浅い私にとって「特別に好きになった選手が引退してしまう」初めての体験でした
でも…そうか…おめでとうございます…
もっと早く見ていればよかった…

肉体と精神が
仙女のスピードに
ついていけない私
邪魔じゃなかが
みなさんええ…
そうこうしているうちに
仙台幸子選手の
仙台でのラストマッチの
チケットが売り切れ！
ガーン
うかつ
2016.1.9 仙女 新宿FACE 大会
せめて…
という思いで
東京ラストマッチに
駆けつけました
ズラ〜〜
すごい入場列！
お客さんは30〜40代の
「昔からプロレスファン」という感じの
男性が多いけれど熱心そうな
女性ファンの姿も
ご夫婦・カップルで来ている方たちも多め
次のチケットも買います!!
私も!!
会場にはあでやかな大漁旗
里村明衣子
仙女魂
大会中に大規模な地震が起きた場合は、大会を中止することがございます。すみやかに指示に従って避難をしていただきますようお願い申し上げます
この試合前のアナウンスで仙女が
東日本大震災で
被災した団体
なのだと思い知りました

今回驚いたのは
若い選手ふたりの成長
岩田選手はJWPのエース中島安里紗選手に必死で喰らいつき
勝ったあとふりむきもせず
去ってゆく中島選手のかっこよさ
カサンドラ選手はその佇まいにかっこよさが漂っていました
入場パフォーマンスがCooL!!
ただしカサンドラ選手はまだ試合はちょっとほっこり気味
ヒールの先輩KAORU選手
宮城こっちー
←相手とセットするコーナーをまちがえる
ちょっとカワイイな
里村選手と朱里選手のヒリヒリした雰囲気もよかった！
しかし、それ以上にすごかったのは岩田選手のさらに後輩でデビューわずか3ヶ月の
橋本千紘選手と
アジャ・コング選手
との試合でした
普通だったら若手選手にベテランが胸を貸すそんな試合になったことでしょう

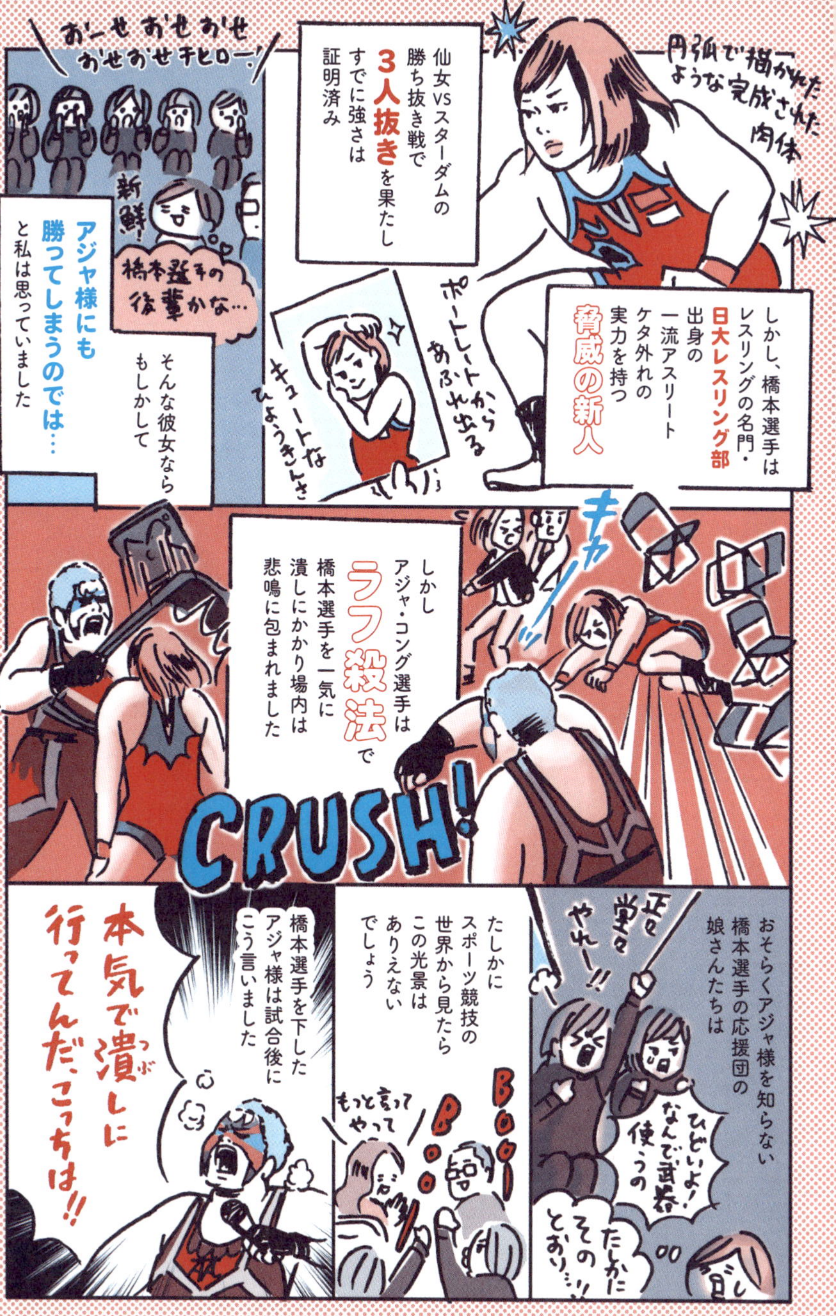
円弧で描かれたような完成された肉体
仙女VSスターダムの勝ち抜き戦で3人抜きを果たしすでに強さは証明済み
おーせおせおせ おせおせチヒロー！
新鮮！
橋本選手の後輩かな…
しかし、橋本選手はレスリングの名門・日大レスリング部出身の一流アスリートケタ外れの実力を持つ脅威の新人
ポートレートからあふれ出るキュートなひょうきんさ
そんな彼女ならもしかして
アジャ様にも勝ってしまうのでは…と私は思っていました
キャー!!
しかしアジャ・コング選手はラフ殺法で橋本選手を一気に潰しにかかり場内は悲鳴に包まれました
CRUSH!
おそらくアジャ様を知らない橋本選手の応援団の娘さんたちは
正々堂々やれー!!
ひどいよ！なんで武器使うの
たしかにそのとおり…!!
たしかにスポーツ競技の世界から見たらこの光景はありえないでしょう
BOO!
もっと言ってやって
橋本選手を下したアジャ様は試合後にこう言いました
本気で潰《つぶ》しに行ってんだ、こっちは!!

オレにはお前が
持っているようなものは
何ひとつないかもしれない
でもな、30年間ずーっとここの
リングと仲良しこよしで
やってきたんだ
ここにいる誰もがお前が
一足飛びで未来を
見せることを望んでいた
かもしれねぇ
でもオレだけは
それをよしとしなかった!!
だから今こうして
立ってるんだ!!
ワァァァァァッ
その言葉の猛烈なかっこよさに
アジャ・コング選手を
深く知らない私でも
なぜか
涙が
出ました
その本気を
引き出したのが若々しい
橋本選手だということにも
胸が熱くなりました
いよいよ
メインの試合
十文字姉妹vs
コマンド・
ボリショイ選手&
木村響子選手
サ・チ・コ!
サ・チ・コ!
コールを煽りながら
リングを舞う
幸子選手は
本当に
美しかった
サ・チ・コ!
サ・チ・コ!
サ・チ・コ!
引退する
仙台幸子選手に
容赦ない攻めを
加える敵チーム

サチコ あがれ!!
姉のチサコ選手にサポートされ**ボロボロになりつつ**も必死で勝ちにいく幸子選手
新潟で初めて見たときも**ふたりで助け合って闘う**姿にひかれたんだと胸がいっぱいになりました
幸子選手が沖縄プロレスで修行していたときの先輩でもある木村選手は幸子選手の**トラース・キック**を何度も受け止め
もっと打ってこい!!
これが彼女たちの見送り方なのだとわかりました
一瞬の隙をつき木村選手を下した幸子選手は
木村さんにはずっとバカだバカだって言われて… でも今日勝てて本当によかったです…
と顔をクシャクシャにして言っていました
私は幸子選手の活躍の最後の最後のほんの少ししか見られなかったけど私の知らない彼女の**レスラー人生の一部**が見えたような気がしました
2016年1月17日引退の日ファンから投げ込まれた大量のテープがまるで花のように幸子選手を包んでいました
どうかお幸せに!!

※1 アース：インディアンデスロックとキャメルクラッチをあわせた技。「アース！」というかけ声がキュート。

※2「ぎゅん」：橋本選手の決めポーズ。見ると元気が出る。

PRO-WRESTLING  SMALL TALK

AFTER THE EVENT

2016年7月2日のサムライTV「速報! バトルメン」に里村選手が出演されたときのこと。仙女メンバーのことを誇らしげに話す里村選手のうれしそうな表情がとても素敵で、仙女はいいチームなんだな…とあらためて思いました。

リリしく美しいたたずまいで「美仙女」のキャッチフレーズも定着した岩田選手は、週刊プロレスで初の水着姿を披露。鍛えられた肉体の美しさは女性から見ても最高!! 同時に新たなリングネームも募集され、「白姫《しらひめ》美叶《みか》」に決定! きらびやかなリングネームを得て、ますます輝いていくことでしょう!

プロレス

地方大会を見てみよう!

プロレス生観戦の醍醐味は地方大会にあり。
そんなプロレスファンの声も多く聞きます。
大きな地方都市の体育館や立派なホール、
小さな街のスポーツ施設や
市民センターで見るプロレスは、
コアなプロレスファンで賑わう
後楽園ホールとはまた違う魅力があります。

お祭り感覚でたのしい!!

たこやき

地方の大きな体育館で開かれる興行には、生でプロレスを見られる滅多にない機会を待ち望んでいたファンたち、家族連れや子供たち、お年寄りまで**さまざまな人たちがやってきます**。興行の規模によってはフードの出店があり、お祭りムードが楽しめることも。地方大会では前説で当日の**試合内容を丁寧に説明**してくれたり、序盤はコミカルな試合で盛り上げたり、初心者も楽しめるようにわかりやすい構成になっているのも特徴です。また、都心では取りにくいメジャー団体のチケットが取りやすいのも地方大会のいいところ。地元の方はもちろん、都会に住んでいる方も**旅行がてら、地方大会に行ってみる**のもおススメです。

私の実家の超田舎の体育館で
行われたNOAH興行で、今やWWEに
行ってしまったTMDKをみたのは
よい思い出…
TMDK
TMDK
2013年ころのこと
こんな田舎に
オオオ…
きてくれるんだな…

地方にもビッグマッチは来る！

ビッグマッチは東京、大阪で行われることが圧倒的に多いけど、**レスラーの出身地などで行われる**ことも。私の地元、新潟県は里村明衣子選手の出身地。年に一度、新潟市体育館で記念大会が開かれます。今年のメインイベントはチャンピオン里村明衣子vs挑戦者紫雷イオという**女子プロツートップが仙女のベルトを争う**夢のようなカードで感激！

新潟でこんなカードが観られるなんて……
ウオオオオ

とはいえこんなところに注意

小規模な興行だと郊外の市民センターなどが会場になることも多く、最寄り駅からものすごく遠かったり、周りにお店が全くなかったりします。**事前に周辺情報を調べておく**と安心。飲み物や非常食を買っておくとなおよいかも…（おびえすぎ?）。

会場を出たらコンビニすらないことも
マジで…？

地方住みがプロレスを楽しむには？

私は現在新潟県在住で、なかなか遠征に行けません。そんな地方民の強い味方が「**スカパーオンデマンド**」。「サムライTV」では新日、DDT、大日本、スターダムなど、「ガオラスポーツ」では全日、ドラゴンゲート、WRESTLE-1などの試合を放映。手軽に幅広い団体の大会中継が見られる「ニコニコプロレスチャンネル」もありがたい存在です。

地方プロレスファンあるある
はは〜
サムライTVオンデマンドに足を向けて寝られない

このメイク、まねしたい!!

プロレスリングWAVE、浜田文子選手、
入場してくるだけで黄金色のたてがみをなびかせるライオンのようなゴージャスな風格をただよわせる強き女!
彫りの深い顔立ちに映えるキリッと引かれたアイライン ほぼノーカラーに仕上げた唇… こんなメイクの似合う女になってみたいものよ…

≪ BIG JAPAN PRO-WRESTLING

TEAM_03

大日本プロレス

血と筋肉で描かれるプロレス神話!
炸裂する海神の力が非日常へいざなう

DATA

1995年3月16日旗揚げ
代表:登坂栄児
本拠地:神奈川県横浜市

元気をくれる
パワフルさ!

大日本プロレス
それは血と肉弾の宴
凶器の使用を認め血で痛みを華麗に表現する「デスマッチ」と
BJW
大日本
鍛え上げられた肉体同士がぶつかり合う通常ルールの「ストロング」から成るプロレス団体
私はかつてプロレス雑誌の大日本のページを避けるくらいデスマッチが苦手でしたが…
横浜凄惨
ヒィ〜
なんでこんなことすんの
血みどろ
DDT武道館大会で大日本の伊東竜二選手を知り
2012年
あおりVTRで大量の蛍光灯の破片の上に倒れる姿を見て…
な…なんだか美しい…!
大日本プロレスは案外明るい雰囲気で面白いですよ!!
SNS
ほう こわくないのかし…
プロレス好きの人にもすすめられて見に行こうと決意

生で見るデスマッチは
白煙を上げて割れる蛍光灯
星空のようにきらめく画びょう
天高くそびえる鉄檻…
血みどろでありながらも実に華やか
選手たちの手作り凶器もけれん味たっぷりで、意外な楽しさに溢れていました
選手たちの傷だらけの肉体は初見だとギョッとしますが
見るからに痛そうな場面でコミカルな表情を見せたりヒーローのようなかっこよさを見せつける
ギャー
ドラゴンスプラッシュ
大日本デスマッチのエース 伊東竜二選手の必殺技
血と痛みで観客を魅了するデスマッチの面白さがわかるようになるまで
さほど時間はかかりませんでした
そしてかつては「デスマッチが売りの団体」と言われた大日本プロレスですが
ここ数年関本大介選手を筆頭にした「ストロング」の評価も
うなぎのぼり
夢一歩

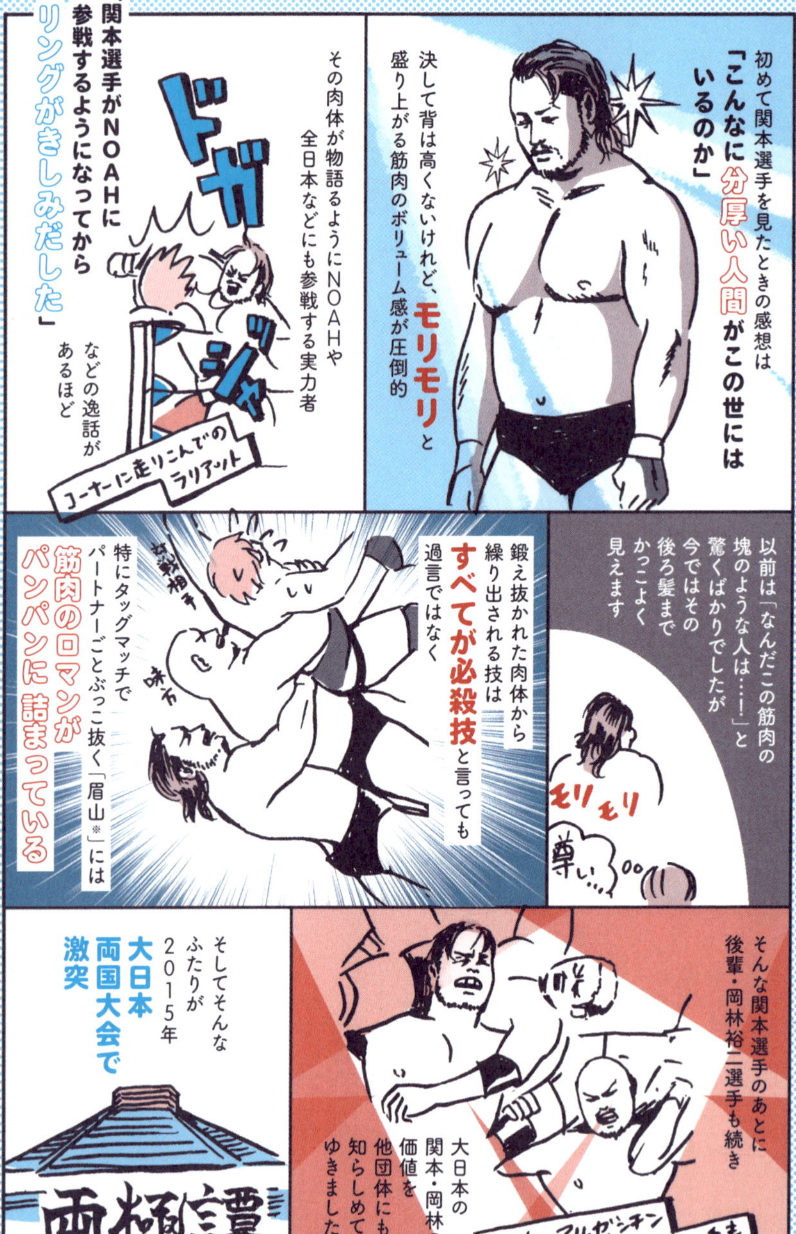

※ 眉山:ジャーマンスープレックスを仕掛けている味方ごと放り投げる二段式合体技。

大舞台・両国国技館での
ふたりの闘いは
激しさを極め
全身の筋肉がうなりを上げ
爆発する音が聞こえるようでした
決して華麗ではないけれどこの試合には
鼻血が出そうな興奮と
神々の闘いのような
神聖さがありました
昔話とかの「神様が山を海に投げ入れて島ができた」っていう話を実写化したらこんな感じなのかも…
ワッ!!!!
ウオオオオオ
プシュ〜
激闘を制し関本選手に初勝利した岡林選手
その神々しいまでの強さに熱狂しすぎた我々ファンは…
岡林選手の筋肉を作りあげたトレーニング
「デッドリフト」を
崇拝しはじめました
すごい…すごすぎる 神の如き岡林裕二… 神の如き関本大介…
もう筋肉しか信じられない… 明日から筋トレする…
デッドリフト… デッドリフトをやれば 神に近づける…
#今日の岡林
四の五の言わずに デッドリフトやれ!!!
当時伊東竜二選手がTWITTERでつぶやいてくださっていた「今日の岡林」

大日本の魅力を一言で言うと？
という質問に
ストロング若手
強豪の
神谷英慶選手曰く
カラッと肉厚!!
トンカツのようなプロレス
ド迫力のバックドロップが
得意技
たしかにデスマッチと
ストロングの両方楽しめて
ガッツリお腹いっぱいになる
大日本プロレスは
まさに豚カツと
言えるのかも
確かな満足感
しかし、私がまだ見たことも
ない大日本プロレスの側面が
まだひとつあったのです
それは
「ポセイドン
アドベンチャー」
大日本プロレスで
年に数回のみ開催される
レアイベント
見た人曰く
「水浸しになった」
「ポセイドンが本当に降臨した」「とにかく濡れる」
「生魚が臭い」
…謎に包まれたイベントなのです
2016.2.2 新木場 1st RING大会
1st RING
とにかくポセイドンが
一体なんなのか
一度見てみなくては…
と新木場
ファーストリングに
向かいました

※ フードは会場や日程によっては出ない場合も多く、ちゃんこが食べられるのはちょっとレア。

アットホームな雰囲気の中登坂栄児社長のご挨拶で始まったポセイドンアドベンチャー
今日はじめて大日本にきた方!
ハ〜〜イ!
バカですねて!!
よりによってポセイドンの日に…
このポセイドンアドベンチャーはデスマッチ・ストロングに次ぐもうひとつの柱として…
マジか
ポセイドンアドベンチャーといってもメイン以外は通常の試合(デスマッチはなし)
橋本大地・和樹のタッグ「TEAM大和」が威勢よし
このひと月前に大日本所属になった橋本大地選手 新日本に参戦する前の真田聖也選手 "どインディー"ガッツワールドの吉野達彦選手らを見ているといまの大日本には実力者が集まっているのだな…と実感
素晴らしい試合を称えつつもメインに近づくにつれてソワソワしはじめる観客たち
ガサ
ガサ
ガサ
ガサ
濡れるらしい…と聞いていた私の装備はこの通り
雨用のポンチョ
入場時配られたA3ラミネートシート
リュックはむきだし
ポセイドンアドベンチャー
スッ
これ、よかったらどうぞ!!
とうめいポリ袋
いっぱい持ってるんで
ありがとうございます!
足を守ったほうがいいですよ
45ℓ

※ムーの太陽：みちのくプロレスで発生した一見カルト宗教に見えるユニット。ザ・グレート・サスケとバラモン兄弟で結成されたが、他団体にも信者を増やしている。（→P96）

伊東選手は
竹刀から水が出る
手製の器具で
植木嵩行選手を
狙い撃ち
タンクから
水をすい上げる
しかけ
ジャッ
そして始まったバラモン兄弟による
水風船スプラッシュwithみかん
スパァン！
はじける
みかんの香い!!
ギャアアアアッ
ギャー!!!
ゴミ袋を
くださった方に
感謝しても
しきれ
ません…
会場は
地獄絵図と
化し、選手たちは
次々と外へ…
私も
追いかけ
よう…
すみません
完全に
出おくれた…
ワー!!
ギャー!!
何が
おこってる
のか…
ほぼ何も
見えなかったのですが
ザバーン
群衆を守る関本選手の
尊い姿が見えたような
気がしました

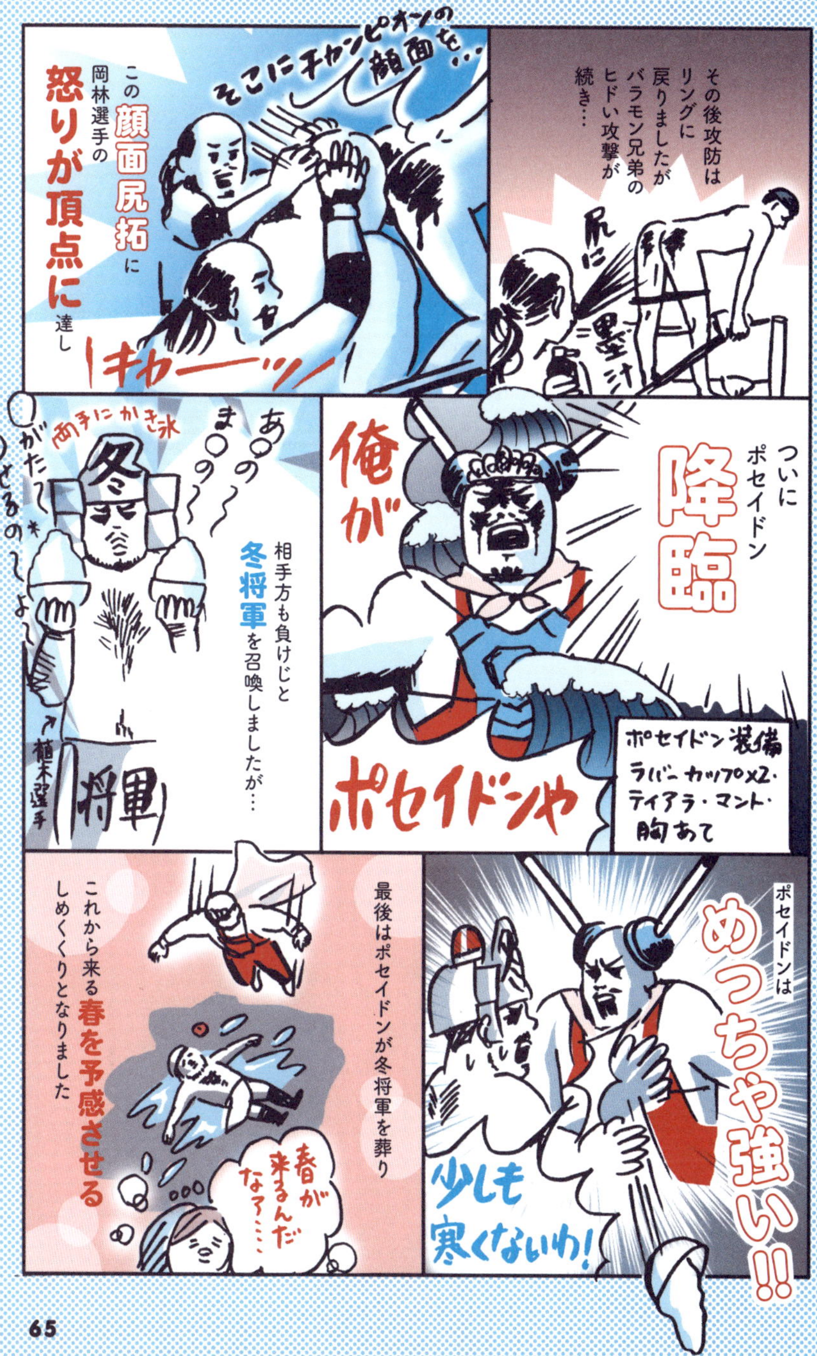
その後攻防はリングに戻りましたがバラモン兄弟のヒドい攻撃が続き…
尻に
墨汁
そこにチャンピオンの顔面を…
この顔面尻拓に岡林選手の怒りが頂点に達し
キカーーッ
ついにポセイドン降臨
俺がポセイドンや
ポセイドン装備
ラバーカップ×2・ティアラ・マント・胸あて
相手方も負けじと冬将軍を召喚しましたが…
あ○の〜
ま○の〜
両手にかき氷
冬
○がたて〜
○ぜるの〜よ〜
植木選手
将軍
ポセイドンはめっちゃ強い!!
少しも寒くないわ!
最後はポセイドンが冬将軍を葬り
これから来る春を予感させるしめくくりとなりました
春が来るんだなァ…

※ 上野のポセイドン：春夏に上野公園野外ステージで開催される「上野プロレス祭り」でポセイドンが行われることもある。チケットも手頃なお値段なので入門編によいかもしれません。

PRO-WRESTLING SMALL TALK

AFTER THE EVENT

2015年両国国技館大会から丸一年、ストロングヘビー級のベルトを守りつづけた岡林裕二選手。その無類の強さを持つチャンピオンをやぶったのは、まだ24歳の神谷英慶選手でした。パンパンにパワーみなぎる大きな体、まっすぐでダイナミックな戦いぶり。「これぞ大日本！」というすばらしい試合でチャンピオンの座を勝ちとる姿は胸に迫るものがありました。

神谷選手だけでなく、いま大日本にはこれからが楽しみな若手選手がたくさんいます。男子プロレスラーでは最小級といわれる佐久田俊行選手(155cm)もそのひとり。2016年8月には念願だったデスマッチデビューを果たしました。小柄な体に高い身体能力を持つ佐久田選手がデスマッチの舞台できっと新たな景色を見せてくれるはず…！

この凶器が風流！

大日本プロレスに登場したすてきな凶器たち。ある年の年末の後楽園大会でバラモン兄弟の投げたみかんをキャッチしてしまい、帰宅してから自己責任で食べたら甘くておいしかった。

« DRAGON GATE PRO-WRESTLING

TEAM_04

DRAGON GATE

ピンクのライトに照らされ
ギラギラと輝く華麗なるプロレスは
実は初心者にも優しい親切設計！

DATA

1999年1月31日旗揚げ
代表：岡村隆志
本拠地：兵庫県神戸市

※ ドラゲーの"ハリウッド"ストーカー市川選手は2015年のDDT両国国技館大会興行に参戦。

※B×Bハルク選手は当時（2016年4月）欠場中。2016年5月復帰。

あこがれのバルコニー観戦
は野となれATOなれ
SPEED STAR
吉野正人
東
EAST
そうと決まれば後楽園大会へGO!!
ドラゲーの華麗な空中戦をバルコニーから見たらすてきだろうな…
平日だし、開始40分前くらいに行けばいっか!!
…とのんきに思っていたら…
西
場所とり用の新聞紙
東
バババン!!
遅かったー!!!
もっと早く来なきゃダメか…
そりゃあ私がチケットをとった後すぐに立ち見も売り切れていたしな…
あらためて平日なのにもかかわらず
ぎっしりのお客さんに驚く
結局南側の最後方に落ち着き
2016.4.7 ドラゴンゲート 後楽園大会
客層は昔言われていたように「若い女性が多い!」というよりも
若い女性、お子さん連れ
仕事帰りのサラリーマン
中高年などさまざま
はやってるだけだと思うけどスカジャン率ちょっと高め

試合開始前、レフェリーとリングアナが今日の試合やこれまでの経緯を詳しく説明してくれます
セミファイナルではパンチ富永負けたら引退マッチ！
メインの8人タッグマッチでは望月成晃が今日だけ「ジミーズ」の一員として登場します
メインに出る「ヴェルセルク」の鷹木信悟とYAMATOの間には最近ちょっとピリッとした空気か…
ドラゲーは頻繁に組み替わる「ユニット」間の闘いが主軸になっていると聞いていたのでざっくり予習しておきました
JIMMY'S《ジミーズ》
地味ってこと？
MONSTER EXPRESS
身体能力高そう
VERSERK
かなりワルそう
OVER GENERATION
若者からベテランまで
フムいい
そしていよいよ開演
夢の扉をひらく〜♪
えらばれし戦士たち〜♪
会場がピンク色のまばゆいライトに照らされ高らかにテーマソングが流れる
おおお…
ちょっと懐かしい戦隊ヒーローものっぽい曲…!!
第1試合は「ジミーズ」vs無所属レスラーのタッグマッチ
ヨースケ♡サンタマリア&ハリウッド"ストーカー"市川
マリア選手美人!!
「ジミーズ」なのにめちゃ派手!!
堀口元気
H.A.Gee.Mee
斎藤"ジミー"了
ユニットごとにそれぞれオリジナルのテーマソングで入場し
GOGOジミーズ!
第1試合からお客さんがノリノリで盛り上がるのが楽しい
JIMMY TRIBE

※ゴングキッズ：第2試合のゴングを鳴らす小学生以下の子供たち。客席から募集される。
お子さん連れのお客さんが多い団体ならでは。

「ドラゲーといえば軽量級レスラーの空中戦」って思いこんでいたけど…
それだけじゃなくて、色んなファイトスタイルのレスラーがいるんだ…!!
ぐっ…
手に汗をにぎる
T-Hawk選手の圧倒的なパワーに押されてもひたすら腕十字を極め続け…
体格とキャリアで勝るT-Hawk選手に勝利したエル・リンダマン選手は本当にうれしそうでした
続いてMONSTER EXPRESSとOVER GENERATIONの6人タッグマッチでは吉野正人選手が登場
とにかくめっちゃ速い
Speed Star
走るフォームの美しさよ…
ロープに走る姿が速すぎて見えない…!!
どこから飛んできた?!
そして
ドラゴンゲートの象徴
とも言われているCIMA選手の空中技の華やかさ
メテオラ
これは本当にさっき軽妙なトークをしていた人と同一人物なのだろうか…
パニ千くんは先月
イニフルのエニザで…
ペラペラ
ぎゃ!!っ
よ…

ポーン
三人同時の場外への飛び技も迫力あり
ワアアアアッ
若きパワーファイター・ビッグR清水選手がCIMA選手に勝利
大金星に喜ぶ姿が可愛い！
うおぉ～っ!!
ヤングボーイが金星をとる姿はいいのう…
気分は叔母さん
セミファイナルの6人タッグマッチでは
ドラゴン・キッド選手がブレイクダンスで華麗に入場
windmille
パンチ富永
Yeah!
Eita
「負けたら即引退」のパンチ富永選手は奮闘
同チームのキッド選手とEita選手の連携は見事！
キッドとEitaが極めて男前っ!!
勝利したEita選手が尊敬する先輩でもあるキッド選手を自分のユニット「OVER GENERATION」に勧誘
キッドさん!! ボクを弟子にして下さい!!
キッドさんとふたりだけのベルトがほしいんか!!
いや…弟子なんて…
やだ…萌える…
OVER GENERATION Tシャツ
キッド選手はOG入り そして富永選手の引退回避がかすむ…
ちょっと気の毒…

ヒューマンフラッグ
退場のときのキッド選手が何気なく見せた
パフォーマンスからも選手たちの
身体能力の高さや「魅せる」意識の強さ
が伝わってきます
そしていよいよメインイベント「ジミーズ」とヒールユニット「ヴェルセルク」の8人タッグマッチ
オッ
ジミーズ
GO GO
メインイベントでは「ジミーズ」に今日だけ無所属の望月成晃選手が加入
わっしょい
わっしょい
わっしょい
DVD
Tシャツ
ふだん
売り子さん姿で入場し楽しさ満点
対する「ヴェルセルク」組はヒールユニットだけあって
クールに登場
サイバー・コング選手の体のポイントが気になる…！
なかでも当時のチャンピオン・鷹木信悟選手の迫力がすごい
プロフィールには178センチ96キロとあるけれどもっと大きく見える
ひときわ分厚い肉体で場外で暴れる姿はまさに「悪のチャンピオン」
キャー
ツ
本気でこわい

しかし試合が進むにつれ
なぜか同じ「ヴェルセルク」であるはずの
YAMATO選手と
険悪なムードに…
同じチームなのに…
ヴェルセルクの鷹木信悟とYAMATOの間には最近ピリっとした空気が…
あっ…
そうか…!! これ以前の試合で
ふたりの間に
確執が生まれて
仲間割れしそうに
なっているんだ…
ショルダーブロックで誤爆でさらに険悪に…
前説のおかげで初心者でも無理なく理解できる…
煽りVTR使ってないのに…
このわかりやすさすごいな…
試合終了後もすごく揉めている…
ワー
ワー
勝負がついた後もヴェルセルク内での
乱闘がおさまらず
八木本部長が登場
同じユニットでふたつに仲間割れしてこんなにこじれたらもう話し合いじゃ収拾つかねーよな
最高の舞台があるじゃねぇか
5月5日、愛知県体育館で
金網に入ってもらうぜ!

※ マスカラ・コントラ・カジュベラ：覆面レスラーはマスクを、素顔のレスラーは頭髪を賭けて闘うこと。

ドラゲーが人気なのは華やかさだけじゃなくて
子供から年輩の人、私みたいな初心者でも置いていかない興行をするからかも…
そして仲間割れが決定的となったヴェルセルクをよそに
ジミーズの面々が大会を締める
あの人たちワイワイさわいでアレですけどども勝ったの我々ですからね
それよりボクと斎了の試合おぼえてます？ もう2時間30分ほど前なんですけど
DVD
Tシャツ
パンフ
堀口選手のメガネ姿がステキ
最後には「ジミーズトレイン」
さっきまでピリピリしたムードから一転、会場全体がほくっとした笑いに包まれる
ものすごく満足して帰りの電車を待つ間パンフレットを見ているときに、ようやく
DRAGON GATE PRO-WRESTLING 47
どの団体よりも大きくゴージャスなパンフレット（B4）
4時間立ちっぱなしだった足の痛みがやってきました…
食わず嫌いな人にこそ
楽しすぎて感じなかった足の痛みが一気に…
ぜひ一度会場に行ってみてほしいドラゲー
ギラギラした見た目に反してとても親切設計でした…！

PRO-WRESTLING SMALL TALK

AFTER THE EVENT

初ドラゴンゲート観戦を前に、ドラゲーファンの方に観戦のアドバイスをいただきました。それは、初観戦は後楽園ホールがおすすめ!ということ。

ドラゲーは後楽園がストーリーの起点となり、地方大会でそのストーリーが展開し、そしてまた後楽園で回収され、新たな展開に…というしくみになっているとのこと。

私が目撃した鷹木vsYAMATOの対立は、2016年7月24日のドラゲーの地元・神戸ワールド記念ホールでのビッグマッチのメインイベントで、YAMATO選手が鷹木選手を下し、新たなチャンピオンになるという結果になりました。しかもそのときYAMATO選手はヴェルセルクを追放されてヒールをやめ、「ファンのため明るい未来をつくる!」と宣言するヒーローに姿を変えていました。なんというドラマチックさ…!!

もし私のように地方在住で「とりあえず近くの地方大会に行ってみようかな…」という方は、GAORA SPORTSなどで直前の後楽園大会をチェックしてみると、より楽しめるかもしれません。

今日は何度でも言わせてくれ
今日の俺も最高にかっこよかったろ?
ヒールでなくなったら目の下のメイクがなくなっている!
それにしてもマイクのかっこよさよ…

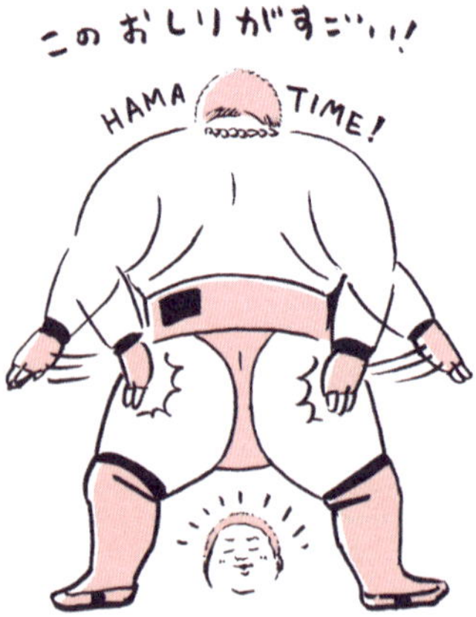

大日本プロレス、ZERO1などで活躍する
浜亮太選手は大相撲出身、200kgの
巨体の持ち主。↑上の図のように、タイツを
ちょっとおしりに食いこませてアピールしてからの、
コーナーでハーフダウンになった相手に巨大な
おしりを叩きつける「ハマタイム」は迫力満点!

« GATOH MOVE PRO-WRESTLING

TEAM_05

我《ガ》闘《トー》雲《ムー》舞《ブ》

歌あり、ダンスあり、リングなし！
まるで親戚の家のような超アットホームプロレス

DATA

2012年9月6日旗揚げ
代表：さくらえみ
本拠地：タイ・バンコク／東京都

タイを本拠地とする団体「我闘雲舞《ガトームーブ》」
我闘雲舞
GATOH MOVE
この不思議な響きの団体名には女の子たちが雲よりも高く舞う…
「女の子たちよ行動せよ！」というメッセージが込められている
私がさくらえみ選手を知ったのはプロレスを見はじめた2012年
「アイスリボン」を退団するというニュースがきっかけでした
さくらさんは「我闘姑娘（がとうくうにゃん）」という小中学生を中心にしたプロレス団体を立ち上げ
今や人気女子プロレス団体である「アイスリボン」の創設者でもあると知りました
初期アイスリボン
リングを使わず
マットで試合を行う

今まで若い選手たちを大勢育ててきたさくらさんが次に向かったのは
なんと微笑みの国
タイ
Thailand
よねちゃん一緒にタイに来て！
バンコクに女子プロレス団体を立ち上げるべく米山香織選手をサポーターとしてスカウト
しかしいざタイで選手を募集するとほとんどが男子！
一方、日本でも愛弟子の里歩選手帯広さやか選手がアイスリボンを退団後、さくらさんを追いかけて我闘雲舞に入団
もう一度さくらさんとプロレスがしたい…
18歳でキャリア10年 里歩
超ハイテンションガール
帯広さやか
そして生え抜きの「ことり」選手
2016年6月にはさらに新人ふたりがデビュー
郡馬の柔道少女「ことり」
アーサ米夏
鬼塚真紀
このメンバーで「ガトームーブジャパンツアー」という興行を日本で行っている
そんな我闘雲舞の評判がライトなプロレスファンの私の耳にも届いたのは2015年
ガトームーブいいわ～
ガトム、みた後超幸せな気分になる…
ガトムやばい たのしい！
ゴクリ…
そ、そんなに…!?
これはぜひ行かねば…と決意したのは2016年1月のことでした
会場…
あれですかね…
場所は市ヶ谷駅の近く、細い路地に面した「市ヶ谷南海記念診療所」
ズオオオン
南海
我闘雲舞の興行のときは「市ヶ谷チョコレート広場」と呼ばれる

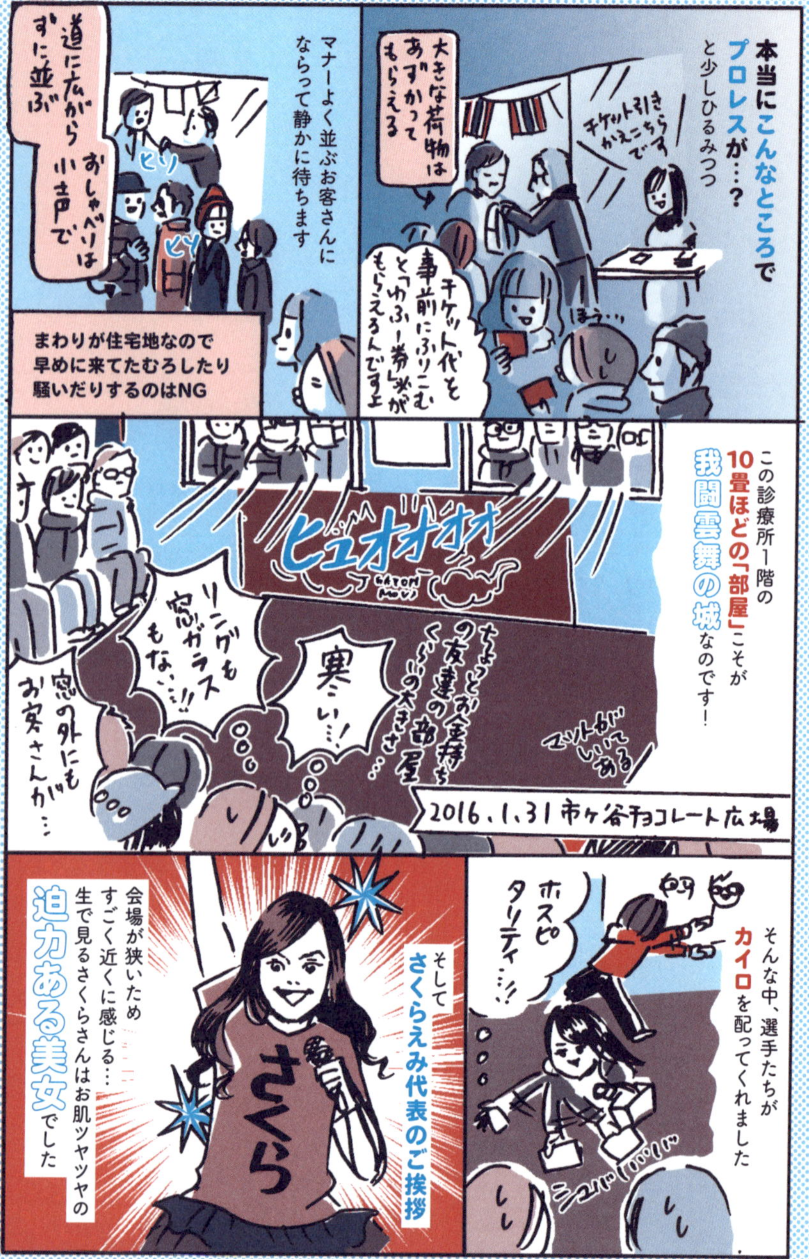

※わふー券：1枚で希望の所属選手と2ショットチェキを撮影できる。

※ブリバト♡：神取忍率いるLLPW-Xのアイドルユニット。スタイリッシュなSAKI選手とキュートなMIZUKI選手のふたり組。

リングもロープもないところでプロレスができるんだろうか…
そんなことを思っていたけれど
お客さんがロープ代わり…!!
オリャー!!
SAKI選手も負けてはいない
いくぞ!!
壁際での胴締め式ローリング・クレイドルで頭部へも攻撃してる!
オラーッ!!
続いてのブリバト♡MIZUKI選手とDJニラ選手の闘いは
超コミカル
換気扇
イタタッ
すごい…みんなこの会場をフル活用して闘っている!
窓からみずぴょん
オオッ

 ※ 2016年7月17日～リングネームを本名の高梨将弘に戻した。

最後は里歩選手の「蒼魔刀」が突き刺さりフィニッシュ
試合後には温かいお茶が配られ
スタッフの女性
ありがとうございます!
やおら始まる試合振り返り座談会
この和みっぷり親戚の家に遊びに来たみたい!
調子いいこといって!次いつ参戦できるの!
えー!!
最後は「おしえてシュークリーム」という新曲のパフォーマンス
おしえてくれなきゃわかんない
本当のことはわかんない♪
この温かい雰囲気に気が緩み生涯で初めてプロレスラーとの撮影会に参加しました
カシャ
きわだつ私の老い
このときのチェキは今でも宝物です…我闘雲舞 疲れた大人に沁みるエンターテインメントでした!
おしえてくれなきゃわかんない
本当のことはわかんない♪

PRO-WRESTLING SMALL TALK

AFTER THE EVENT

我闘雲舞のホーム、市ケ谷チョコレート広場は アットホームでスペシャルな雰囲気が味わえるワンダーランドですが、リングのある大会もあります。板橋グリーンホール、横浜にぎわい座、そして後楽園ホールでのビッグマッチも！

2016年6月22日の我闘雲舞後楽園大会ではメンバー全員での歌のコーナーでアイドルライブのように「MIX」をしているファンもいて、さすがプロレス会場以外でもアイドルとして活躍する「ガトームーブ」！

独自路線を貫き、他団体と交わらない我闘雲舞が「これが最後」として組んだアイスリボンとの団体対抗戦「さくらえみ・ことりVS藤本つかさ・優華」のヒリヒリした空気、「ことり」選手と優華選手のぶつかりあいの凄さ、そしてエンディングでの「わたしたちはそれぞれ別の道をゆく」というポーズをするさくらさんとかつての弟子・藤本選手の、姿に、私が市ケ谷で見たほのぼのと楽しい我闘雲舞とはまた違う、自分の道をゆく女たちのハードボイルドなかっこよさを見ました。

魅惑の後楽園フード「ファイターチキン」
Snack

≪ MICHINOKU PRO-WRESTLING

TEAM_06

みちのくプロレス

要素多すぎ！カルトな楽しさ
インディ・プロレス東北の雄

DATA

1993年3月16日旗揚げ
代表：ザ・グレート・サスケ
本拠地：岩手県滝沢市

歴史あるインディ
プロレス東北の雄
みちのくプロレス
みちのくプロレス
キャラ立ちしすぎのレスラーたちがひしめき合う北のリング
私がみちのくプロレスに興味を持ったきっかけはインディ・プロレス界で暴れまわる
バラモン兄弟
客席に水
生首
ボーリング
墨汁
その恐怖と混乱、笑いに満ちた闘いっぷりは癖になる面白さ
そんな彼らの主戦場がみちのくプロレスと知り、新潟大会へ
2015.11.21
みちのくプロレス
新潟大会
新潟市東区プラザ

なんとリング南側にはブルーシートが敷いてありお花見のようなスタイル
地方会場ならではの設営かしら…
お客さんは子供、若者お年寄りなど幅広い年齢層
ちびっこ多し
Tシャツにあらわれるみちプロ愛
気仙沼二郎選手の歌う演歌で大会がスタート！
パチパチ
パチパチ
美声
身体能力の高い若手選手たちの試合は見応えがあり
ヒール軍団「バッドドーイ」は北関東のワルのような雰囲気でかなり怖い
東北なんだけど…
小柄で身軽な剣舞選手の華麗な動きはまるでニチアサのヒーローのよう
「ヤッペーマンズ」は某タイムボカンシリーズっぽいトリオ
3号
1号
2号
イーグルスマスク選手は人を食ったような面白さ
これ地方の第1試合でしょうが!!
いや、実際第3試合だけど実質第一試合みたいなものでしょ

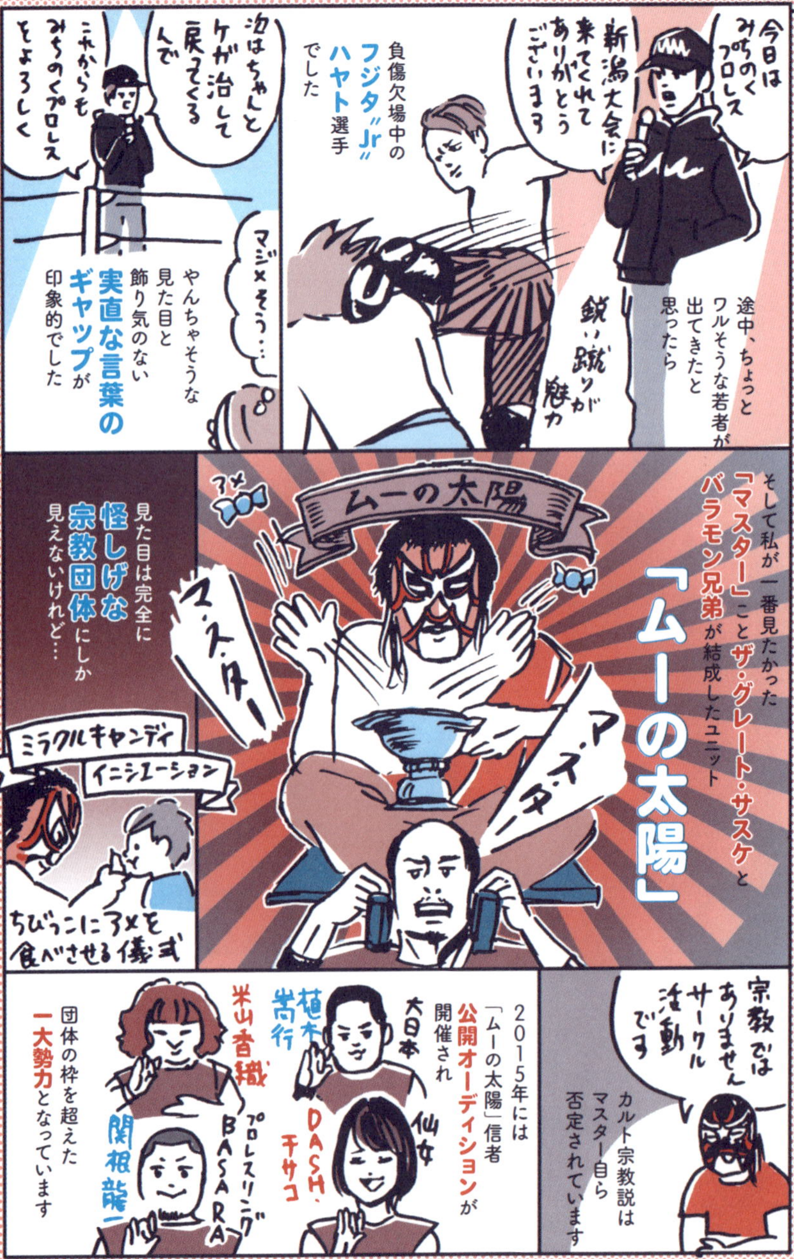

今日はみちのくプロレス新潟大会に来てくれてありがとうございます
途中、ちょっとワルそうな若者が出てきたと思ったら
鋭い蹴りが魅力
負傷欠場中のフジタ"Jr"ハヤト選手でした
次はちゃんとケガ治して戻ってくるんで
これからもみちのくプロレスをよろしく
マジメそう…
やんちゃそうな見た目と飾り気のない実直な言葉のギャップが印象的でした
そして私が一番見たかった「マスター」ことザ・グレート・サスケとバラモン兄弟が結成したユニット
「ムーの太陽」
ムーの太陽
アメ
マ・ス・ター
マ・ス・タ
見た目は完全に怪しげな宗教団体にしか見えないけれど…
ミラクルキャンディイニシエーション
ちびっこにアメを食べさせる儀式
宗教ではありませんサークル活動です
カルト宗教説はマスター自ら否定されています
2015年には「ムーの太陽」信者公開オーディションが開催され
大日本
植木嵩行
仙女
DASH・チサコ
米山香織
プロレスリングBASARA
関根龍一
団体の枠を超えた一大勢力となっています

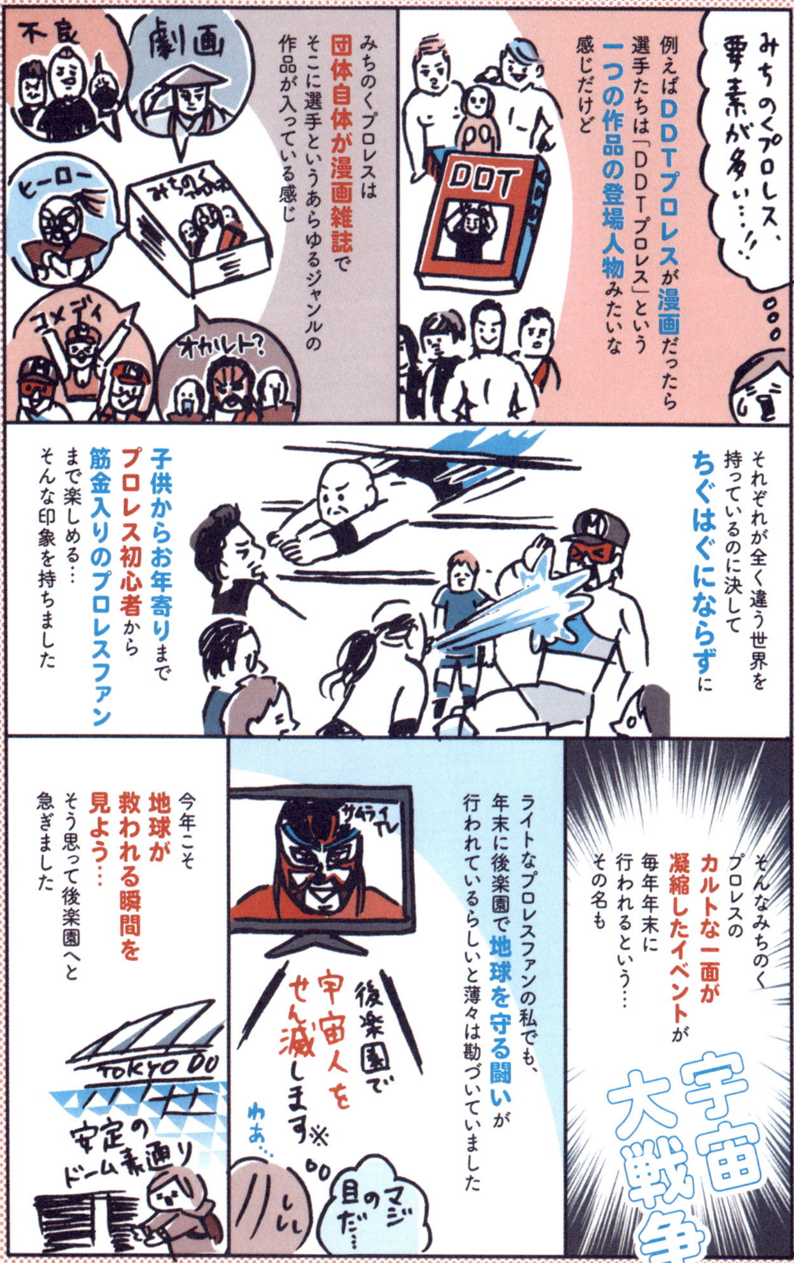

※年末になるとみちのくプロレスではある選手に宇宙人疑惑がかけられ、それをザ・グレート・サスケが殲滅するという流れが自然発生するようです。

2015.12.10 みちのくプロレス後楽園大会
平日なのに大勢のお客さん
仕事帰りのスーツ姿の方も多数
ムーの太陽信者がいる…
休場中のフジタ"Jr"ハヤト選手がバラモンコスチュームを着て登場し宣伝する場面もあって和む
なんで俺が…?
買ってね!
この日も気仙沼二郎選手vsKen45°の見応えある試合で始まり
みちのくプロレスコミッショナー・新崎人生選手の入場は神々しいまでの威厳に包まれ
所作の美
「ムーの太陽」信者レスラーとイーグルスマスク選手には大爆笑
こ…これは五ぼう星の陣!
東北ジュニアタッグ選手権では若手タッグ佐々木大地・郡司歩組と外敵ベテランタッグ藤田ミノル・日高郁人組のスピーディな攻防が見事!
藤田、日高のものすごい合体技
結果、若手組は力及ばずベルトが流出する形に…
地方大会とはまた違う熱い雰囲気に引き込まれました
見応えあるなあ…
若者たちよ…

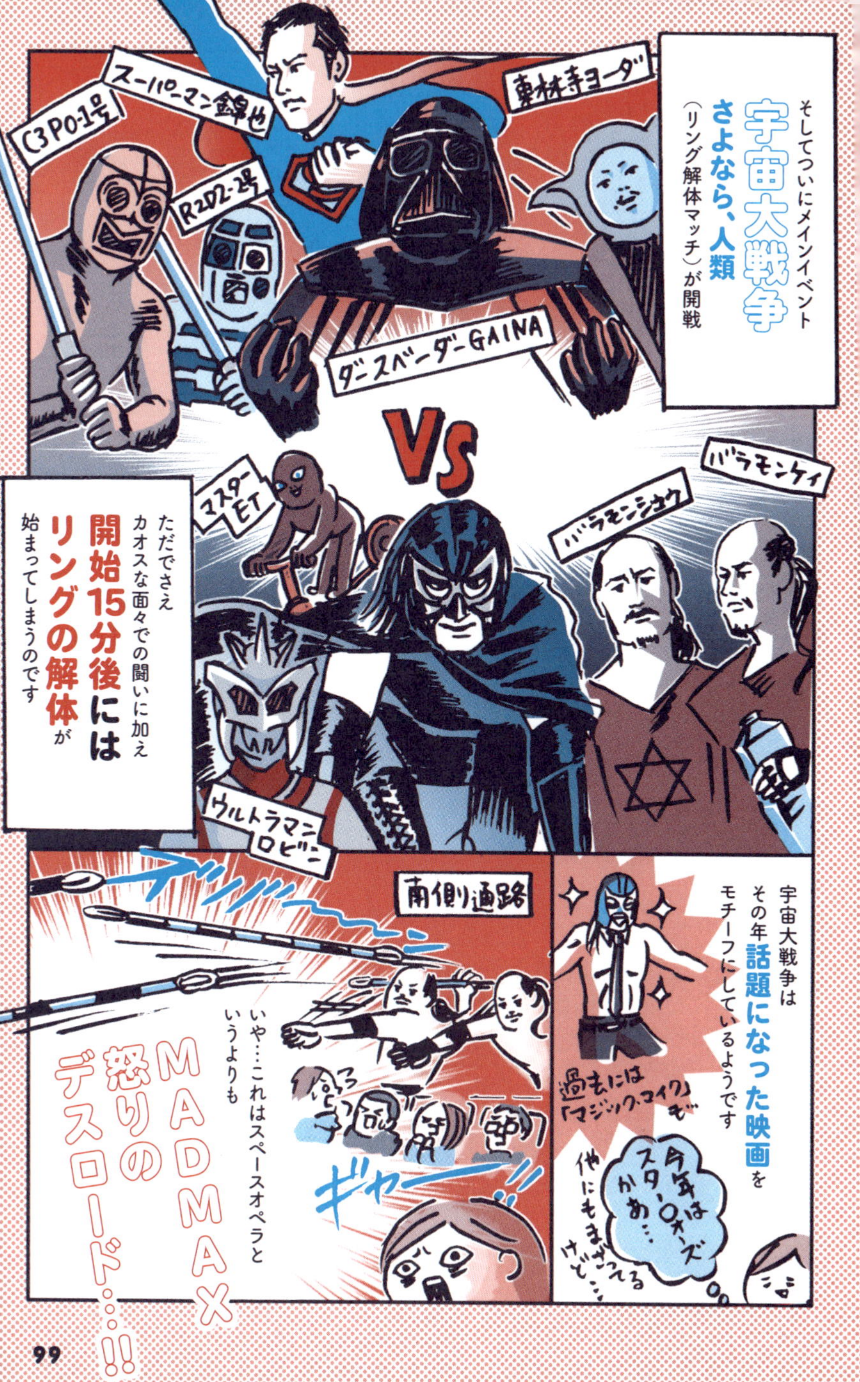
そしてついにメインイベント
宇宙大戦争
さよなら、人類
（リング解体マッチ）が開戦
東林寺ヨーダ
スーパーマン錦也
C3PO-1号
R2D2-2号
ダースベーダーGAINA
VS
バラモンケイ
バラモンシュウ
マスターET
ただでさえ
カオスな面々での闘いに加え
開始15分後にはリングの解体が
始まってしまうのです
ウルトラマンロビン
宇宙大戦争は
その年話題になった映画を
モチーフにしているようです
過去には「マジック・マイク」も
今年はスター・ウォーズかあ…
他にもまざってるけど…
南側通路
いや…これはスペースオペラと
いうよりも
MADMAX
怒りの
デスロード…!!
ギャー

キャー
バラモン兄弟の南側通路から
リングへの槍投げ
1本のこらず リングに届いているのがスゴい
なごり雪
スーパーマン錦也 VS 生体兵器「なごり雪」
東林寺ヨーダとマスターETの
フォースバトル
あわわ
そして始まってしまう
リング解体
ブレイク!!
巻き取られたロープに触れても
ロープエスケープが成立してしまうのが
なんともフレッシュな光景
ロープ
ムーの太陽信者たちに
投げつけられた
ウレタンマットをさばく
スーパーマン錦也選手が
美しい…
なんか格調高い
そして普段見られないリングの構造が見られてすごくおもしろい…!!
ウレタンマット
鉄骨
木の板
スタンバイされる桶
リング内外がむちゃくちゃになる中
淡々と片付けする試合を終えた選手たち

そうこうしているうちにマスターのモービルが
リングの柱に激突
ドゴーン
キャー
傾いた支柱を素早く直す日向寺塁選手にみんな拍手喝采
スマートな働きぶりがカオスの中の一服の清涼剤のようでした
ガコッ
オオオ〜
ステキ
しかし癒される暇もなくマスターが
和桶を被ってダイブ
壮絶に自爆
ゴッ
その上、一番硬い鉄骨の上に
パワーボム
ガッ
後ろのお客さんから小さく「もうやめて…」と声が漏れていました
誰もが「ヤバイ」とマスターの身を案じたはず…
ドトトトト…
ザワ…
ザワ…
もうやめ…

マスター目をさましてください!!
パシャー
しかしマスターは水をぶっかけられて
復活!
メシア降臨!
必殺技「メシア降臨」ラダー＆ミサイルキックで辛くも勝利
マスターは仰った
私はスーパーヒーローでも超人でもありません
普通の人なんですよ
エッ!?
それでもこのザ・マスターを信じてくれてありがとう!!
じーん…
40分を超える激闘を制したマスターの姿にうっかり信心が芽生えそうに…
年末の忙しい時期、あえてこの理不尽なエネルギーの中に飛び込んで、いっときだけ慌ただしさを忘れられる…そんな快感が宇宙大戦争にはありました
なぜか歌いだす
マスタ、〜♪
リングではロックを（エアで）高らかに奏でるザ・グレート・サスケ
YOU give LO
A BAD NAM
そして観客たちの大合唱
ウォオオオオオオオ
その光景に「もしかして本当に地球が救われたのかも…」
そう思ってしまった私はもうすでにムーの太陽に洗脳されているのかもしれません…

PRO-WRESTLING  SMALL TALK

AFTER THE EVENT

みちのくプロレスで4年にいちど開催される「ふく面ワールドリーグ」。(リーグと名はついているがトーナメント戦)
その名の通り世界で活躍する覆面レスラーが最強の座を争う大会。2016年はみちのくプロレス剣舞選手、同じくみちのく所属、現在海外修業中のラッセ選手、メキシコ代表伝説のルチャドール カリスティコ、沖縄プロレス最後のチャンピオン エイサー8、他にもイタリア、タイ、アイルランドなどの未知なる覆面レスラーたちが参戦。海外のプロレスに疎い私から見ても高い身体能力、すばらしい技を持つ選手たちの試合は新鮮でものすごい見応え!しかしみちのくプロレスはそこでは終わらず!包帯でぐるぐる巻き、トリッキーな動きの「ウォーキング・ザ・マミー」、九州プロレスから現役最高齢レスラー「がばいじいちゃん」らが参戦し、やはりこの一筋縄ではいかない感じがみちのくプロレスのすごさなのかも…

Caristico
Kenbai
Walking the Mummy
Gabai Ji-chan

このプロレスマンガがスキ！

ギガントマキア
三浦建太郎
ギガントマキア
主人公のファイトスタイルが
ちょっと大日本プロレス
関本選手っぽい

いちばん好きなプロレスマンガは
三浦建太郎先生の『ギガントマキア』
（ジェッツコミックス／白泉社）。
ディストピアSFマンガですが、
中で描かれているプロレスの
シーンがもう本当にアツい！

≪ HITOTSUBASHI UNIV
WORLD WRESTLING ALLIANCE

TEAM_07

一橋大学
世界プロレスリング
同盟

非モテ?非リア充?否!
キラキラまぶしい青春の輝き、
学生プロレスの名門ここにあり!

DATA

1978年旗揚げ
代表:潮崎マジックミラー号
本拠地:一橋大学小平国際キャンパス

青春とプロレス

HWWA
一橋大学
世界プロレスリング同盟

部員減少で存続の危機にさらされながらも学園祭で**プロレスの華を咲かせ続けている**

「学生プロレス」それは大学のプロレス同好会によるプロならざるプロレス

一橋大学世界プロレスリング同盟は37年の歴史を持つ学生プロレスの名門インカレサークル

インディ・プロレス界で**学プロ出身のレスラー**たちが活躍していることは知っていましたが

OBには**中川淳一郎**氏、**常見陽平**氏などそうそうたるメンバーがおり

私がプロレスを好きになったきっかけ**TBSラジオ「ザ・トップ5」**のプロデューサー**橋本吉史**氏もOBのひとり

※カサンドラ宮城選手は九州造形短期大学から九州産業大プロ研に参加。

※1 現プロレスリング紫焔のアスカ・ザ・ワールド選手 ※2 現DDTプロレスリング映像班/ガンバレ☆プロレスの今成夢人選手 ※3 現いたばしプロレスの鈴木心選手 ※4 現アーティスト兼アマチュアプロレスラー

そもそもなぜ学プロをやろうと思ったんですか？
最初は2年生ときに学祭でHWWAの試合を見たんですがその時は友達と見てただけで
おもしろ!!と思ったんですけど
時が経ち、3年生になって就職活動を始めるもうまくいかず初めてできた彼女とも別れ…
このまま社会に出るのか…と思ったときに
今しかできないことをしたい…！
その思いひとつで部員減少のため存続の危機にあったHWWAに単身入団
そんな潮崎選手がいざ学プロを始めて一番大変だったことは…
痛さですね
痛さっ？
こないだもシコリエの打撃がつよくて…
痛みに耐えつつ頭はフル回転して試合を成り立たせなければならない…
ドッ
他のスポーツサークルにはない要素かもしれない
リングの上で自分をさらけ出すことには抵抗なかったんですか？
私だったら「もし失敗したら…」とか「やっぱり恥ずかしい!」とか思ってしまいそうなんですが…
いや、そういうのは全然ないですね…
キッパリ

HWWAに入った時点で生き恥をさらす覚悟はできていましたから…
「自分なんてなんぼのもんじゃい!」
と思っているんです
ガーン
す…すごい!! 見た目は普通の若者なのに魂の位が高い…!!
かっこいい…
そこへHWWAのメンバーがひとり…
こんにちは～
疎開サキです
疎…開…!!
疎開サキ選手は東京造形大学2年生
グラフィックデザイン科
新日本プロレスのファンで将来は新日のグッズデザインをするのが夢
リングネームの元ネタはDDT市井沙希選手
ずっと離れて暮らしていたお父さんと話がしたくてお父さんが好きなプロレスを見はじめオカダ・カズチカ選手のファンに…
そしてたまたま行った武蔵野美術大学の学園祭でHWWAの試合を見て
単身入団
本当はもう竹刀つかうのやめたい
危ないんだよね…
つっ
大学のサークル活動は「友達同士の集まり」というイメージがあったけれどHWWAはひとりひとりの魂が呼び合い集まっているような印象…
こんにちはー

この日集まったHWWAメンバー
武蔵野美術大学 クリトリス ティアーノ・ロナウド選手
同じく武蔵野美術大学 Apple Botch（アップルぼっち）選手
同じく武蔵野美術大学 MOCO みちのく選手
東京大学 シコリエ選手
プロレスマニア
格闘技経験者
リア充学プロレスラー
ちょっと孤高の雰囲気
メンバーの皆さんにウェイウェイ感や「仲間!!」「絆!!」感はゼロ…
飲み会とかあまりないですよね…？
たしかに…
三々五々と集まって適度な距離を保ち
各自、自分の「できるようになりたいこと」をイメージし、それに近づけるように練習しているように見えました
誰が指導者というわけではなくできる人ができない人に教える
ここつかむとやりやすいかも…
決して無理をしたりさせたりしない
興行前にはもっとガッツリやるそうです
こんなサークルなら私のようなぼっち体質の人間でも入れたかも…と思ったり
常識人でないメンバーばかりなので最低限のルールを設けて円滑に行くようにしていますね…
やはり…
苦労多そう…
良い意味でも
悪い意味でも
しかしドロップキックの練習を見て
ドッ
ヒー
やっぱり私にはムリかも…
どんなアングルよりも一発のチョップが説得力を持つんです
ひとりで学プロの道に入る人が多いのは身体を張る覚悟が必要だからかもしれません

それぞれがやりたいことや表現したいことを思い描けているところはうれしいですね
学生プロレスというメディアを使いつつも他のエンタメの要素を取り入れていくものなので…
当時代表 瀬戸内着床選手
「学生プロレスはプロレスの中のいちジャンルではなく学生プロレスというジャンル」
オラーーッ
そう語ってくれた瀬戸内選手ももうすぐ引退
引退後もHWWAに関わっていくのだろうか…
うーん…求められれば協力しますけど自分から行くことはたぶんないですね
現役の世代のものだし
潮崎選手も大学院を卒業したら公務員になるそうで
学生プロレスは人生の一瞬の輝きなのだと思いました
その一瞬の輝きを見逃すまいと一橋大学KODAIRA祭へ
KODAIRA祭は1、2年生が中心の学園祭
11月の一橋祭に次ぐビッグイベントです
第20回KODAIRA祭
2016.6.4 一橋大学 国立キャンパス
HWWAの興行は東キャンパス中庭で午前、午後で第1部、第2部が行われるそうで
遠まきに見る学生さんの姿も
このとき行われていたのは第2部
客席は家族連れや地元の人で賑わっている

第0試合、クリンドル玲奈選手vsミラ・ショジョビッチ選手の女子レスラー対決は
HWWA名物
紙相撲デスマッチ
瀬戸内さんが裁いてらっしゃった!
レフェリーまで紙ずもうの動き!!
アハハ
ナルホド…
なるほど…これが瀬戸内選手の言っていたことかも…
プロレスというメディアを使いつつ他のエンタメの要素を…
試合に生の解説がつくのも新鮮な光景
OBの方
第1試合のタッグマッチでは潮崎選手が登場
見た目がほぼ変質者
超個性的なH前戯リョーマ選手に
攻め込まれる姿を見て
NOOOO
いちばん辛いのは「痛さ」ですね…
潮崎選手の言葉に納得…!
そうでしょうとも…!!
たとえ学祭の演目のひとつだったとしても
選手たちの身体の痛みやそれに負けないで立ち向かう姿は本物なのだと感じました

※MWF：武蔵野美術大学プロレス部

ロナウド選手のパワー「パレットクラブ」メンバーの介入に苦戦するApple Botch選手
ふたりの闘いに引き込まれた観客からは自然とボッチコールが起こります
ぼっち！
ぼっち！
Apple Botch選手も鮮やかに反撃しますが…
パワーで上回るロナウド選手が勝利
見応え十分な試合でした
みんなすごいな…
私は昔「自分の作品を誰かに見てもらう」のが怖くて尻込みしている学生でした
美術系
そんな私にとって「自分なんてなんぼのもんじゃい！」と言ってのける潮崎選手
ニコリエ選手は第1部で破さんと
とんでもないリングネームを背負いながらも恐れずに自分を表現する学プロ戦士たち
そんな彼らの青春はものすごくキラキラと輝いてまぶしいほどでした
これからは「学園祭以外でも存在感を出していきたい」
そう言った潮崎選手の後ろ姿に光る『魔法鏡』の文字がとても尊いものに見えました
魔法鏡

PRO-WRESTLING SMALL TALK

AFTER THE EVENT

このとき観戦したのは1、2年生が中心の「KODAIRA祭」でしたが、毎年11月初旬には全学祭である「一橋祭」が開催されます。HWWAは地域の方にも親しまれ、「一橋祭といえば学プロでしょ!」と楽しみにしている方もたくさんいるそうで、どの大学の学園祭よりも観客が盛り上がるのが「一橋祭」なのだそうです。学プロファンから、初心者まで最も楽しめるイベントといえそうです。

HWWAでは「紙相撲デスマッチ」以外にも「安全なデスマッチ」、「就活デスマッチ」など独自の試合形式をあみ出していて、そんな学プロならではの独創的な試合も見どころ!

2016.8.20 ニコニコ生放送
「ライムスター宇多丸のウィークエンド・シャッフル24時間ラジオ」に出演された瀬納選手。

一時は部員減少が激しかったHWWAも、各大学の部員が増えたものの、一橋の学生があまり増えていないそうで……
誰とも違う青春をおくりたい学生さんは、ぜひHWWAへ!

特別
対談！

センダイガールズプロレスリング

カサンドラ宮城選手
×
SPECIAL INTERVIEW
澁谷玲子

2015年10月、宮城倫子選手の体に
突如取り憑いた「カサンドラ宮城」。
仙女のオフィシャルグッズのグラフィックデザインを担当しながら、
「宮城の悪妃」のキャッチコピーでヒールキャラとして
人気急上昇中です（▶P44参照）。
イラストレーター&デザイナーを兼任しながら、漫画やアニメを愛する
“文化系サブカルダーク”レスラーとして、
地方から強烈なキャラを発信するカサンドラ選手は
まさに現代の“多様化”したプロレス界の象徴といえるのでは。
そんな猛スピードで進化を遂げるカサンドラ選手にプロレスへの思い、
そして「仙女」の魅力について語っていただきました。

図解 これが宮城の悪妃・カサンドラ宮城だ!!

PROFILE

カサンドラ宮城 / 出身地…魔界
生年月日…1993年6月16日 / デビュー…2014年11月24日
得意技…背面式ドロップキック、バックドロップ、SBR
趣味…小説や漫画を読むこと、アニメを観ること

HAIR

バイカラーの髪がスタイリッシュ。闘いに向け、邪悪なパワーが頭に集中すると前髪がピンと立つ!

EYE

カサンドラに取り憑かれてから顔に浮きてきた禍々しい紋様が目の周りを縁取っている。

HAND

絵を描くのが好き。タワレコと仙女のコラボポスターや、グッズTシャツのイラスト、デザインも手がけ、センス抜群! 画材は、デジタルも、アナログも自在に操る。

POSE

入場時にキメる「これから首をかっ切ってやる」という凶悪なポーズ。激しくヘッドバンギングしながらコーナーに登り水を噴くクレイジーでクールな入場パフォーマンスは必見!

BODY

筋トレが好き。マイペースに続けるのがカサンドラボディを作る秘訣。

COSTUME

魔界の美意識が感じられるかっこいいコスチューム。右足部分はハンター×ハンターのクロロ、左足はポケットモンスターX・Yの四天王パキラがイメージソース。

仙女の新人、宮城倫子。まだまだ荒削りながら長身に長い手足の恵まれた体格、独特な雰囲気で多くのファンに愛されていた彼女が、ある日魔界からやってきたカサンドラに肉体を乗っ取られてしまった! 我々が再び宮城倫子に会える日は来るのだろうか…

バレー少女から漫画家志望、そして プロレスとの出会い、気がつけば憑依…!?

澁谷 はじめまして。今日はよろしくお願いします。カサンドラ選手がデザインされた仙女のTシャツが可愛くて普段から愛用させていただいています！（この日は新潟で行われたセンダイガールズ10周年記念大会で購入した「仙女帝国」Tシャツを着用）

宮城 おおッありがたい！ 仙女はファン層が幅広いから、なるべく着る人を選ばないようシンプルにしつつ、エッジを効かせたデザインを心がけていて。普段着にしてくれて、それがしは嬉しい。

澁谷 仙女グッズのイラストやグラフィックデザインも手がけるカサンドラ選手ですが、そもそもプロレスに興味を持ったきっかけは何だったのでしょうか？

宮城 それがしは生まれ堕ちたときからプロレスの血が入っていたからね。土の下から人間界を観察していてプロレスやりたいな〜って思っていたときに、ちょうどレスラーになりたがっている倫子がいたから、取り憑いた。倫子は大学時代、プロレスサークルに勧誘されたのがきっかけでプロレスをはじめたらしい。

澁谷 倫子選手はそれまではまったくプロレスには縁がなかったのですか？

宮城 小・中学校ではバリバリ体育会系のバレーボール部に入っていて、バレー漬けの日々だったみたいだから、まったく。

澁谷 え⁉ 意外！ 同人活動をされていたと聞いていたので、倫子選手はてっきり根っからの文化系かと…。

宮城 倫子は中3で人間関係にうんざりして退部したとたん暇になって、マンガ倉庫で偶然発見した『キン肉マン』にドはまりしてマンガを描きはじめたそうだ。高校では漫画家目指して美術部の幽霊部員になって、同人誌で『キン肉マン』の二次創作を描いたり、夢絵とか夢小説を描いて「朝起きてこんな素敵なキャラがいたらいいな〜」と夜な夜な妄想していたらしい。絵が好きすぎて、「高校辞める！」って言ったこともあったみたいだな。

澁谷 それで絵の勉強ができる大学に進学して…プロレスとの出会いはどのように？

宮城 入学したらプロ研（九州産業大学プロレス研究部）に勧誘されて、先輩にプロレスの面白さを上手に教えてくれる人がいてどんどんはまっていったとか。一年目はレフェリーだったけどそれじゃあきたらず、結構運動神経がいいことに気がついて男子の中に女ひとり乗り込んだらしい。男子と同じことができなくて悔しくて苦しかったけど、めちゃくちゃ楽しかったと言っていた。

澁谷 当時、学プロ以外の試合も見に行っていました？

宮城 プロになったOBが試合に誘ってくれて、「プロってやっぱりレベル違うな」と衝撃を受けて憧れるようになったと聞いている。

澁谷 でも、サークルから本格的にプロレス入りするのでは、また違ったハードルがありますよね？

宮城 当時はグラフィックデザインの仕事で就活をする予定だったが、学プロが楽しすぎて、「超面白いこの人たちを抜きたい！ やめたくない！」と思ったらしいぞ。

澁谷 なるほど〜。でも数ある団体の中から、ゴリゴリの体育会系で厳しいイメージのある仙女を選んだのはなぜだったのですか？

宮城 全然女子プロのこと知らなかったから、「赤の魂」っていう博多にあるプロレスショップの店長の辛島さんに聞いたら、仙女が少数精鋭で練習もきちんとしているからいいんじゃないかと。倫子はアイドル系に行きたかったらしいんだが…。

澁谷 えっ!? あ、アイドル!?

宮城 最初はスターダム、アイスリボン、WAVEあたりを調べていたんだが、周りから「お前にアイドルができるわけがない、仙女だ」と言われてあきらめたらしい。

澁谷 アイドル系レスラーの宮城選手、今となっては想像できない…！ 就職せずにプロレスラーになると決めて、親御さんは反対されませんでした？

宮城 めっちゃ反対された！！！……らしい。せっかく大学にも行かせたのに…って。今は応援してくれてるらしいけど。

プロレスラーとグラフィックデザイナーの二足のわらじ

澁谷 2014年に入門されたわけですが、いざ仙女に入ってみてどうでしたか？

宮城 何も考えずに飛び込んでみたら、本当に厳しい世界だった！……ってよ。わーマジかって。仙女は企業への営業やポスター配り、それがしの場合だとデザインの仕事とか、社会人と

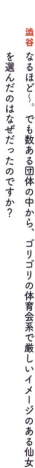

してのの仕事量もきちっとこなさないといけないから、練習との両立が難しい。と、取り憑いてから思い知った。

渋谷 た、大変……！　なかでも一番辛かったことはなんですか？

宮城 実家に帰れなかったこと!!……らしい。もちろん、それがしの実家は魔界だけどな。

渋谷 実家、お好きなのですね…（ほっこり）。カサンドラ選手の一日のタイムスケジュールってどんな感じなのですか？

宮城 午前10時までに道場の掃除をすませて12時まで練習、昼休憩を挟んで14時から17時までまた練習。外部からのデザインの仕事が入ったときは練習しながら依頼主からのメールを確認したり。返事待ちが一番辛い!!

渋谷 私もデザイン事務所で働いていたことがあるのですごくよくわかります！

宮城 今日までに入稿しないといけないのに連絡が来ないときとか!!　こだわってるわりにマイペースなクライアントとかね!!　でも、プロレスとデザインはまったく違うジャンルだからどっちもリフレッシュになって楽しい。

渋谷 同人作家時代はひとりでやっていたんですか？

宮城 基本ひとり！　大学時代に一度友達誘ってやってみたんだけど、納期守んないから「ふざけんなよーーー!!」って思ってやめた。……って倫子がぼやいていた。

独自の進化を遂げた仙女の魅力

渋谷 入ってみてわかった仙女の魅力って、どんなところですか？

宮城 地域密着型で地元の人とすごく仲良くなれるところ。あと、東京から離れていることで他団体に個性を流されない。隔離されている分、情報量が少なくて他人の言葉に振り回されなくてすむのがいい。

渋谷 確かに、仙女はものすごく「個」が強いですよね。

宮城 独自の進化を遂げて、猿から人間じゃなくて、ゴリラになっちゃったみたいな。

渋谷 （笑）その個性のぶつかりあいを見ていると元気がもらえるんですよね！

宮城 「病気して精神的にまいっていたんだけどカサンドラを見て治った」っていうお客さんが2、3人いる。カサンドラ療法…。

渋谷 カサンドラ選手から見て仙女のみなさんはどんな選手ですか？

宮城 里村さん→目、チサコさん→毒、橋本さん→ぎゅん、岩田さん→髪ブス。

渋谷 髪ブス…！　仙女は昭和の伝統的な香りを引き継ぎつつ、5人それぞれ表現方法が違って、見ている人にいろんな生き方をしてもいいんだなと思わせてくれるんですよね。プロレスというひとつのことをするにもいろんな方法があって、正解はひとつじゃないんだなって。

渋谷 プロレスに現実はいらないし、求められてないと思う。プロレス界で生きやすいキャラは誰でもできるから、生きづらいキャラのほうが求められているんじゃないかと。誰とでも試合できる器用な選手になったら自分は終わりだと思っている。同じような選手ばっかりだと見る人も飽きちゃうし。

渋谷 昨年、カサンドラさんが憑依してからの進化のスピードがものすごく速くて驚いているのですが、理想のレスラー像はありますか？

宮城 目標としてる選手はいない。他の選手には死ッぬほど興味がなくて、〝自分のプロレス〟というひとつの作品を作り上げている感じ。「〇〇さんみたいな選手になりたい」じゃなくてまったく新しいキャラを持ったプロレスラーになりたい。

渋谷 倫子選手は「カサンドラ宮城」が憑依したとき、どう思ったのでしょうか？

宮城 朝起きたら、目の周りのクマがひどくて驚いていた。

渋谷 憑依した直後の周りのみなさんの反応は…？

宮城 とちくるったと思われた。

渋谷 倫子選手が「カサンドラ宮城」を受け入れたのはなぜだったのでしょう？

宮城 倫子は昔から主人公に全く興味がなくてサブキャラとかダークサイドのキャラクターに感情移入しがちで、ずっとニヒルなヒールに憧れていたからじゃないか。あと、自分にアイドル性は求められてないなって思い知ったからだと思う。

渋谷 いや!!　現在進行形でどんどん進化していく姿をファンが見守りながら応援するという点で、カサンドラ選手もひとつのアイドルの形だと思います!!

宮城 それがしがアイドル…？

澁谷 ぶっ飛んだヤバさやかっこよさの中にも、時々ぎこちない不器用なところが垣間見られて、キュンとするところも…。

宮城 狙ってないんだけどね（照）。入れ物の倫子が馬鹿だから、まだ体をうまく操縦できてない。64（ロクヨン）のテンキーがうまく動かせてない感じ！

澁谷 近い将来、完全一致する日が…。仙女という王道のプロレス団体にカサンドラ選手のような文化系サブカル担当キャラがいることで、私みたいなオタク気質の人間も入りやすくなったと思います。こういう人に自分のプロレスを見ほしいという願望はありますか？

宮城 プロレスを全然知らない人に見てほしい。その上で、長年ファンでいてくれる人にも楽しんでもらえる試合ができたら完璧！ それがしが、プロレス界への門を開いてあげられる存在になれたらいいな。そこから、ファンがどんどん外に広がっていってほしい。内側ばっか見ててもしょうがないし。特に女性は「プロレス会場って男性だらけ」っていう先入観で気が引けちゃってる人も多いと思うから、それも打ち消したい！

澁谷 カッコイイ女だらけの仙女は見ていると「私も強い女になるんだ！」って元気が湧いてくるので、女子にこそおすすめしたいです！ 最後に、ファンの方へメッセージをお願いできますか？

宮城 ぐえへへへへッ、お前ら、食糧にしてやるぞッ！！！！！！

――カサンドラ宮城選手、どうもありがとうございました！

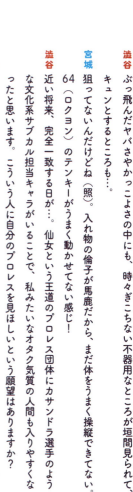

おわりに

EPILOGUE

この本を描くにあたり、私は2012年からの比較的新参のプロレスファンで、特に知識が豊富でもないのに、プロレスについて知ったようなことを描いていいのだろうかと不安がありました。私が描いていることと、全く違うことを感じている人がいるかもしれないのに…と悩んだりもしました。

でも、それこそがプロレスの面白さであると今は思うのです。思い入れのある選手が誰かによって試合の見え方は変わるし、初めて見る人と古くからのファンとでは感じることが全然違ったりもします。どちらかが正しくて、どちらかが間違っているということはなく、それぞれの立場で思いっきり楽しめるのが、プロレスの良さなのだと思います。

本格的にこの本の執筆に着手しはじめたのは２０１６年の春頃で、描いているうちにプロレス界はどんどん変化していきました。みちのくプロレスの２０１５年の宇宙大戦争で完璧なスーパーマンを演じていた大柳錦也選手は引退を発表、ではドラゴンゲートの代表的な選手のひとり、戸澤陽選手は団体を卒業し、アメリカへ。センダイガールズのカサンドラ宮城選手はなんとＣＤデビュー！　驚異の新人・橋本千紘選手は里村選手を倒し仙女の王者になりました。

　これからも若い選手はめきめき成長し、スター選手は世界中に旅立って行き、好きになった選手も、いつかはリングをあとにします。いつだって、「プロレスを見るなら今！」なのかもしれません。プロレスの会場は、いつでも私たちを待っていてくれます。

２０１６年10月吉日　澁谷玲子

澁谷玲子（しぶやれいこ）

1981年新潟県生まれ。イラストレーター。2016年『クッキングパパ　荒岩家の謎』で単行本デビュー。好きなプロレスラーは男色ディーノ選手、関本大介選手をはじめ多数（多すぎて選べない）。

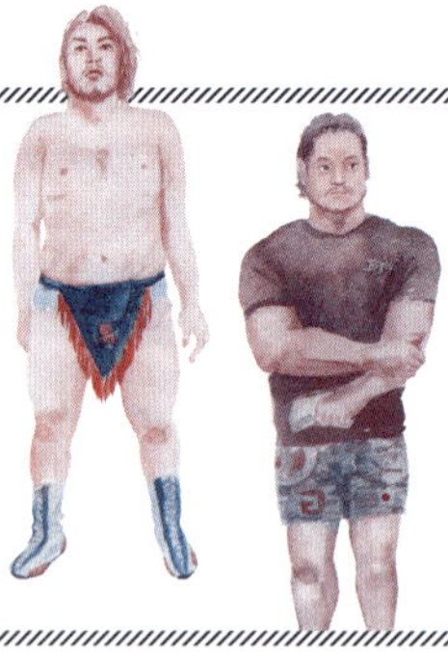

ときめきプロレス放浪記《ほうろうき》

平成 28 年 11 月 20 日　初版第 1 刷発行

著者　澁谷玲子《しぶやれいこ》

発行者　辻 浩明

発行所　祥伝社《しょうでんしゃ》

〒101-8701　東京都千代田区神田神保町3-3

電話　03-3265-2081（販売）03-3265-2080（編集）

03-3265-3622（業務）

印刷　図書印刷

製本　積信堂

ISBN 978-4-396-63511-4 C0095

祥伝社のホームページ　http://www.shodensha.co.jp/

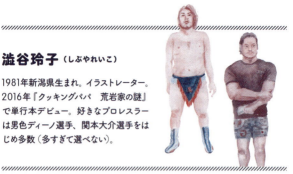